ROSOKU NO KAGAKU_SEKAICHI NO SENSEI GA OSHIERU CHO OMOSHIROI RIKA
©Ruiji Hirano/Adventure Planning Service 2017
©Yuho Ueji 2017
First published in Japan in 2017 by KADOKAWA CORPORATION, Tokyo.
Korean translation rights arranged with KADOKAWA CORPORATION, Tokyo through Shinwon Agency Co., Seoul.
Korean translation rights © INORI Publishing Co. 2020

이 책의 한국어판 저작권은 신원에이전시를 통한 저작권자와의 독점 계약으로 도서출판 아이노리에 있습니다. 신저작권법에 의하여 한국어판의 저작권 보호를 받는 서적이므로 무단 전재와 복제를 금합니다.

촛불의 과학
괴짜 선생님과 함께하는 즐거운 과학

아이느리

목차 2
프롤로그 8

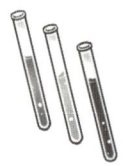

1) 양초가 녹으면 어떻게 될까요? 19

- **실험1** 실과 기름으로 양초를 만들 수 있어요!
- **실험2** 양초의 모양을 관찰해 봐요!
- **실험3** 소금과 설탕을 이용해 마술을 부려 봐요!
- **실험4** 불꽃을 다룰 때는 조심해요!

실험을 끝내고

2) 타고 난 양초는 어떻게 될까요? 41

- **실험5** 촛불에서 나오는 연기를 붙잡는 방법은 무엇일까요?
- **실험6** 타지 않는 양초도 있어요!
- **실험7** '철학자의 양털'을 만들어 봐요!

실험 8 열기구를 날려 봐요!

실험을 끝내고

③ 유리가 연기로 흐려지는 이유는 무엇일까요? 66

실험 9 양초에서 물을 얻을 수 있다고요?
실험 10 물과 얼음 중 어느 쪽이 더 무거울까요?
실험 11 얼음과 물 그리고 수증기를 다뤄 봐요!
실험 12 '철학자의 등'을 만들어 봐요!

실험을 끝내고

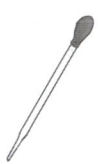

④ 양초는 왜 탈까요? 89

실험 13 건전지를 이용해 액체에서 기체를 꺼내 봐요!
실험 14 불가사의한 기체의 정체는 무엇일까요?
실험 15 공기와 산소 중 어느 쪽에서 더 잘 탈까요?
실험 16 촛불은 왜 눈부실까요?

실험을 끝내고

⑤ 공기는 눈에 안 보일까요? 113

실험 17 산소를 눈에 보이는 형태로 관찰해요!
실험 18 공기의 무게를 잴 수 있다고요?
실험 19 손을 사용하지 않고 달걀을 들어 올릴 수 있을까요?
실험 20 이산화탄소를 모아 봐요!

실험을 끝내고

6 촛불은 어디서 와서 어디로 갈까요? 138

- **실험 21** 고체가 기체로 변할 수 있다고요?
- **실험 22** 주변에서 탄소를 찾아봐요!
- **실험 23** 양초의 불이 꺼지는 이유는 무엇일까요?
- **실험 24** 산소와 이산화탄소의 순환을 알아봐요!

실험을 끝내고

에필로그 162
저자 후기 172

★ 실험할 때 지켜야 할 약속! ★

- 실험은 반드시 어른과 함께 진행해요!
- 뜨거운 소재나 불을 사용할 때는 화상을 입지 않도록 주의해요!
- 실험 기구를 다룰 때는 다치지 않도록 조심해요!
- 재료를 준비하기 전에 반드시 어른들과 의논해요!
- 실험이 끝나고 뒷정리를 깨끗이 해요!

패러데이는 어떤 사람일까요?

★ 마이클 패러데이는 19세기에 활약한 영국의 과학자입니다.

★ 패러데이는 1791년 대장장이의 둘째 아들로 태어나 제본소에서 일하며 유년 시절을 보냈습니다. 남는 시간에 많은 책을 읽으며 과학에 열중했습니다.

★ 패러데이는 어른이 되어 왕립연구소의 화학 실험 조수가 되었습니다. 연구원들을 도우며 그는 전 세계의 연구소를 견학합니다.

★ 이후 패러데이는 왕립연구소 교수가 됩니다. '전자기 회전 실험', '전기 분해의 법칙', '〈패러데이 효과〉의 발견', '반도체 발견', '반자기성 물질 발견' 등 다양한 실험과 발견을 통해 과학 역사에 이름을 남깁니다.

★ 특히 '반도체' 기술은 컴퓨터나 휴대전화와 같은 전자기기에 쓰이는 없어서는 안 될 기술입니다.

★ 지금부터 시작할 이야기는 패러데이가 아이들에게 강연한 내용을 토대로 한 괴짜 선생님과 쌍둥이 남매의 이야기입니다.

프롤로그

초등학교 5학년인 지아와 쌍둥이 남동생 지우에게 곤란한 일이 생겼다.

"지우야, 어떤 주제로 자유 연구를 해야 할까?"

"아무거나 해도 상관없지 않을까? 지아는 걱정이 너무 많아."

두 사람은 종업식이 끝난 후 집으로 걸어가며 여름방학 숙제에 관해 이야기를 나누고 있었다.

"네가 너무 태평한 거야. 새로운 학교에서 불성실한 학생으로 찍히면 어쩌려고 그래?"

담임선생님은 숙제를 내주며 "가족이나 친구들과 의논

해 보세요."라고 말했다.

"우린 전학 온 지 얼마 안 돼서 의논할 친구가 없잖아."

"그러게, 친구를 채 사귀기도 전에 여름방학이 시작됐네……."

지아와 지우에게는 벌써 세 번째 이사다. 친구 만들기에는 익숙해져 있었기 때문에, 여름방학이 끝나면 친한 친구가 생길지도 모른다. 하지만 숙제는 여름방학이 끝나기 전에 마무리해야 한다.

"가족이라……. 엄마 아빠는 바쁘니까 귀찮게 하면 안 되고."

지아는 멈춰 선 채 고개를 갸웃거렸다.

그때, 지우가 길가에 떨어져 있는 책 한 권을 발견했다.

"이게 뭐지?"

자세히 보니 온통 영어로 쓰여있었다. 영어는 아직 서툴렀기 때문에 자세한 내용은 알 수 없었다.

"누가 떨어뜨리고 간 건가?"

"여기 메모가 있어. 책 주인이 쓴 메모인가?"

지우가 사이에 끼워져 있던 종이를 꺼냈다.

"멋대로 손대지 마. 주인이 있는 물건이잖아!"

"넌 진짜 걱정이 많아. 단서가 있어야 주인을 찾지!"

지우는 종이를 펼쳐 보았다. 축제를 홍보하는 전단처럼 생긴 그 종이에는 흥미로운 문구와 함께 지도가 그려져 있었다.

'과학을 좋아하게 되는 즐거운 실험 교실! 촛불 과학연구소'

한 자루의 양초와 함께 물리적 현상을 고찰해 봐요. 여러분은 과학 연구의 즐거움을 알게 될 거예요. 최신 연구 이야기와 비교해도 손색없는, 재미있고 도움이 되는 이야기를 들려줄게요!

지아와 지우는 고개를 갸웃거렸다.

"촛불? 불을 붙여 사용하는 그 양초?"

"맞아, 장소도 이 근처야. 지아야 가 보자!"

"뭐, 책을 주인에게 전해 주는 김에 잠깐 들러 보는 정도라면……."

"좋아, 가자! 연구소에 가서 숙제도 한번 의논해 보자."

그렇게 두 사람은 지도를 보며 촛불 과학연구소로 향했다. 지도를 따라 가로수길을 걷는데 좋은 향이 나기 시작했다. 두 사람은 발길을 멈췄다. 길 끝엔 하얀 건물이 자리하고 있었다.

좋은 향은 그 건물에서 흘러나오는 것 같았다.

"어, 홍차 냄새다. 누가 홍차를 끓이나 봐."

"홍차 냄새인 걸 어떻게 알았어? 완전 개코잖아?"

"또 쓸데없는 소리 한다. 홍차를 좋아하니까 아는 거야, 상관 마!"

"안에 누군가 있는 걸까? 좋아, 안을 한번 살펴보자."

지우는 머뭇거리는 지아의 손을 잡고 건물의 문을 열었다. 문 너머로 밝고 넓은 방이 눈에 들어왔다. 방 안에는 셀 수 없을 만큼 많은 도구가 늘여져 있었다. 발을 들여놓

앉을 뿐인데 왠지 모를 즐거운 기분이 들었다. 장난감 가게나 포장마차에 발을 들였을 때와 같은 기분이었다. 그리고 이내 방 안에 있는 수많은 도구가 장난감이 아니라는 사실을 알게 되었다.

반질반질 윤이 나는 플라스크.

목은 길고 몸은 둥근 화학 실험용 유리병.

수도꼭지가 설치된 큰 책상.

각양각색의 액체가 담긴 병이 가득 늘어선 선반.

그리고 산더미처럼 쌓인 양초.

"지우야, 이거……."

"응, 틀림없어……."

두 사람은 서로 마주 보며 한목소리를 냈다.

"여기, 과학실이야!"

연구소는 마치 학교 과학실을 더욱 크게 만들어놓은 듯했다. 그때, 방 한가운데에서 누군가 뒤돌아보며 싱긋 웃었다.

"촛불 과학연구소에 온 걸 환영해요!"

그는 물의 양을 계량할 때 사용하는 비커를 버너로 데우고 있었다. 지우가 전단을 펼치며 말을 걸었다.

"여기가 촛불 과학연구소예요?"

"그렇단다. 전단을 보고 찾아왔구나?"

"저희는 그냥 이 책을 주인에게 돌려주러 온 것뿐이에요."

지아가 책을 건네자 그는 반색하며 답했다.

"내 책을 찾았구나! 찾아 줘서 정말 고마워. 내겐 정말 중요한 책이거든."

그는 기뻐하며 뺨에 책을 마구 비벼댔다.

'좀 이상한 사람 같아······.'

지아는 못 본 척 말을 이어갔다.

"길에 떨어져 있었어요. 그런데 이 종이가 왜 책 사이에 끼워져 있던 거예요?"

"전단을 만드는 중이었거든. 이 책에 적힌 실험을 함께 해 보자고 쓸 생각이었어."

두 사람은 전단을 다시 한번 쳐다봤다. 종이 한가운데가 아직 미완성으로 남아 있었다.

"못 찾을 줄 알았어. 정말 고마워. 차를 한 잔 대접하고 싶은데 괜찮니?"

"아, 감사합니다!"

지아의 눈이 반짝이자 지우는 의아한 듯 물었다.

"좀 전까지 걱정이 가득하더니, 마실 거에는 금방 넘어가네?"

"뭐 어때서? 홍차를 좋아해서 그런 거야!"

"하하, 홍차는 향이 좋지. 머리도 맑게 해 주고."

그는 맞장구치며 선반에서 큰 비커를 꺼내 물을 담았다. 그리고 책상 위의 실험 기구로 비커를 데우기 시작했다.

지우는 깜짝 놀랐다.

"그걸로 물을 끓일 거예요?"

"홍차를 맛있게 끓이려면 물의 온도가 중요하거든."

"맞아요. 홍차는 적절한 온도로 끓이는 게 중요하죠!"

비커로 음료를 만드는 모습에 조금 놀라긴 했지만, 지아는 맛있는 홍차를 마실 생각에 들떠 있었다.

"내 정신 좀 봐. 컵을 준비해야지!"

꺼낸 컵은 다행히도 실험 도구가 아닌 일반 컵이었다. 맛있게 끓은 홍차를 마시며 두 사람은 상담을 청했다.

"방학 숙제로 내준 자유 연구 때문에 고민이 많아요……."

"그래서 말인데요, 혹시 도와주실 수 있나요?"

"음, 자유 연구 말이지? 좋아, 내게 맡기렴!"

그는 지아와 지우가 찾아 준 책을 펼쳐 보였다. 빼곡히 적힌 영어와 함께 그림도 들어 있었다. 얼핏 보니 과학 실험을 그린 듯했다.

"그건 어떤 책이에요? 어려운 영어라 정확히 모르겠어요……."

"과학에 관한 책인가요?"

"그렇단다. 이 책에는 과학 이야기가 적혀 있단다. 자유 연구 소재도 가득 있지."

그는 그렇게 답하며 주머니에서 양초 한 자루를 꺼냈다.

"이 책이 내가 과학을 좋아하게 된 계기란다."

"그렇군요. 흠, 어떤 내용이 적혀 있으려나?"

지아는 책의 내용에 흥미가 생겼다. 요리를 좋아하는 지아는 평소 과학 실험이 요리와 비슷하다고 생각해 거부감이 없었다. 반면 지우는 과학 실험을 어려워하는 편이었다.

"난 과학은 별로……."

"걱정하지 말아라. 촛불 과학연구소에서는 과학을 좋아하지 않는 사람도, 어려워하는 사람도, 모두 과학을 즐길 수 있게 된단다. 남녀노소를 불문하고 말이지."

"대단해요! 이런 멋진 곳이 있는지 몰랐어요."

"그런데 지도에서는 못 본 것 같은데?"

감탄하는 지아 옆에서 지우가 투덜댔다.

"유명하지는 않으니까……. 그래도 우리 연구소는 너희의 고민을 해결해 줄 수 있단다. 이걸 이용한 다양한 실험을 통해 말이지."

그는 앞서 꺼낸 양초를 검지로 가리켰다.

"너희가 찾아준 책의 저자는 패러데이란다. 패러데이는 영국의 위대한 과학자이자 내가 가장 존경하는 과학자란다. 패러데이는 유년 시절 글공부를 마치고 제본소의 점원이 되었고……"

"그래서 그 양초로 어떻게 고민을 해결해 주신다는 거죠?"

지아의 지적에 그는 정신을 차렸다.

"아, 그렇지. 패러데이는 강연에서 이렇게 말했단다. 양초는 과학을 알려 주기에 가장 적합하고 친근한 소재라고 말이지."

두 사람은 잠시 생각에 잠겼다.

"평소에 양초를 볼 일은 많이 없지 않아? 마지막에 본 게 언제더라?"

"음……. 정전 대비 훈련 때 보지 않았어?"

그의 어깨가 움츠러들었다.

"맞아, 요즘은 예전처럼 많이 사용하지는 않지. 그래도 정전에 대비해 양초를 두고 있는 집은 아직 많아. 예전부터 양초는 중요한 조명이었으니까."

"조명이요?"

그는 조심스레 양초에 불을 붙이고 그 빛을 두 사람에게 보였다.

"혹시 탄광에 대해 알고 있니? 석탄을 캐내는 광산 말이다. 예전에는 탄광에서 작업할 때 촛불에 의지해 석탄을 캐냈단다. 정말 낭만적인 이야기 아니니?"

"전등을 켜면 편할 텐데 왜 촛불을 켰죠?"

"으이구, 지우 너도 참. 예전에는 전기가 없었어."

"그렇지, 게다가 광산은 말 그대로 산속이어서 양초처럼 운반 가능한 빛이 필요했단다. 가정에서도 형광등이 생기기 전에는 양초를 매일 사용했었고."

그는 양초를 바라보면서 말을 이어나갔다. 살랑살랑 촛불이 흔들리고 있었다. 지아와 지우는 잠시 그 광경을 바라봤다.

"촛불에 관한 자유 연구 괜찮을 것 같은데? 이야기를 조금 더 들어 봐야겠어. 지우는 먼저 집에 가도 돼."

"잠깐만, 나도 같이 듣고 갈래!"

두 사람의 이야기에 그는 눈을 반짝였다.

"자, 그럼 양초를 이용한 즐거운 실험을 소개해 줄게!"

1

양초가 녹으면 어떻게 될까요?

그는 찬장에서 실험 도구를 꺼내며 말을 이어갔다.

 "다시 한번, 촛불 과학연구소에 온 걸 환영한다. 너희를 애타게 기다리고 있었어."

 "왜요?"

 "그게 실은……. 아무도 안 와서 외로웠거든."

 "그, 그런 이유였어요?"

 "그럼 저희가 첫 번째 제자네요? 저는 지우고 얘는 쌍둥이 지아예요."

 "그렇구나, 선생님 이름은 팽대희야. 팽대희 선생님이라고 불러 줘."

"팽대희……? 왠지 패러데이랑 발음이 비슷한데요?"

"그렇지? 그래서 이 이름이 참 마음에 들어. 자, 이제부터 너희에게 자유 연구에 쓸만한 아이디어를 몇 개 보여 줄게."

"네? 자유 연구로 쓸 내용을 그대로 알려 주는 거 아니었어요?"

지우의 어깨가 축 늘어졌다. 팽대희 선생님은 싱글대며 말을 이어나갔다.

"똑같은 것을 보더라도 어디에 주목할지는 사람마다 다르거든!"

지아의 어깨도 덩달아 늘어졌다.

"편안함만 찾으려고 하면 안 돼! 숙제는 스스로 생각해야지."

팽대희 선생님이 두 사람의 손을 잡으며 말했다.

"걱정하지 말아라, 패러데이가 했던 실험을 함께하다 보면, 분명 마음에 드는 실험을 발견할 거야. 패러데이는 과학자가 된 이후 학교를 찾아다니며 많은 어린이에게 강연하며 실험을 보여 주었단다."

"과학의 즐거움을 알려 주려고 그랬던 건가요?"

"그것도 있겠지만, 아르바이트 삼아 강연을 했던 모양이야. 현실은 냉혹한 법이니……."

"팽대희 선생님, 패러데이 이야기는 그만하고 이제 실험 이야기를 해 주세요."

지아에게 혼난 팽대희 선생님은 촛불을 껐다.

"좋아, 우선은 실험으로 양초를 만들어 보자!"

실험 1

실과 기름으로 양초를 만들 수 있어요!

"양초를 직접 만들 수 있다고요? 어떻게요?"

"처음 들어봐. 왠지 어려울 것 같아서 내키지 않아……."

"걱정하지 마라. 보고만 있어도 즐거울걸? 만드는 방법은 너희가 찾아 준 책에 나와 있단다. 이 책에는 패러데이가 실제로 선보인 실험이 많이 담겨 있으니까."

팽대희 선생님은 책 속에 적혀 있는 내용을 두 사람이 알 수 있게 설명하기 시작했다.

양초는 '담갔다·꺼냈다·식히기'를 반복하면 만들 수 있습니다. 우선 같은 길이로 자른 무명실을 만들고 싶은 개수만큼 준비합니다. 그리고 막대기에 무명실을 매달아둡니다. 이 실을, 녹인 우지 속에 담갔다가 꺼내어 식힙니다. 이렇게 '담갔다·꺼냈다·식히기'를 계속 반복해 줍니다. 이제 실 주변에 달라붙은 우지가 두꺼워지면 양초가 완성됩니다.

"우지가 뭐예요? 처음 들어봐요."

"나도 처음 들었어. 혹시 소와 관련된 거예요?"

"우지는 소의 지방 조직에서 얻은 기름이란다. 현재 쓰이는 양초는 대게 석유를 원료로 한 ★합성수지로 만들어졌지만, 어쨌든 굳힌 기름으로 만든다는 사실은 변함없단다."

★ 화학공업에서 만들어지는 합성 물질 중 합성 섬유와 합성 고무를 제외한 것

"그럼 굳이 우지가 아니어도 양초를 만들 수 있겠네요?"

"그렇단다, 기름의 종류는 다양해서 다른 기름을 사용할 수도 있지."

"그럼 식물성 기름은요? 주방에 있는 기름이요!"

지우는 엄마와 지아가 요리할 때 사용하던 기름의 이름

을 떠올렸다.

"물론이지, 양초 자체를 녹여 좋아하는 모양의 양초로 다시 만들 수도 있단다."

"색깔 있는 귀여운 양초를 만드는 방법도 있어요?"

"그것도 가능하단다. 양초를 만들 때, 크레용을 쪼개어 넣으면 원하는 색깔을 낼 수 있지. 양초를 예쁘게 꾸미는 방법을 알아보는 것만으로도 많은 공부가 된단다."

그렇게 말하며 팽대희 선생님은 실과 나무젓가락, 우지가 든 용기를 재빨리 준비했다.

"자, 실을 나무젓가락에 풀어지지 않도록 단단히 묶어 보렴."

팽대희 선생님의 말에 지아는 실을 집었다.

"이제 나무젓가락을 꽉 붙들고, 실을 액체 속에 넣으렴. 액체가 묻으면 실도 뜨거울 테니 실을 손가락으로 잡진 말고."

지아는 조심조심 실을 액체 속에 넣었다. 용기 속의 액체는 따뜻하게 데워져 물컹거렸다.

"이거 뭐야? 물컹물컹해!"

"우지는 녹으면 물컹물컹해지거든. 자, 이제 꺼내 볼까?"

우지에 담갔던 무명실을 들어 올려 잠시 식히자, 실에 달라붙은 기름이 딱딱하게 굳고 있었다.

지아의 눈이 둥그레졌다.

"이것 봐! 양초가 만들어지고 있어!"

"정말이야! 기름이 실 주변에 달라붙으면서 양초가 되고 있어!"

"완전히 굳을 때까지 조금 더 식히렴. 완전히 굳은 후 다시 담가야 해."

"아까 설명해 주신 것처럼 계속 반복하는 거예요?"

실에 달라붙어 굳은 기름은 아직 가늘었지만, 몇 번 반복하면 훌륭한 양초가 될 것 같았다.

"나도 해 볼래!"

지우가 손을 들어 말하자 지아는 고개를 갸웃거렸다.

"뭐, 그래도 되는데……. 너 아까 안 내킨다고 하지 않았어?"

"지아가 즐거워하는 표정을 보니 나도 하고 싶어졌어."

"내가 그렇게 즐거운 표정을 하고 있었어?"

"응, 넌 얼굴에 다 티가 나."

지아는 자신의 뺨을 손으로 쥐어 봤다. 즐거운 표정을 지었다는 사실이 새삼 놀라웠다.

"즐겁게 실험에 임하는 모습을 보니 선생님도 즐거운데?"

기름에 담갔다가 꺼내어 식히기를 반복하자 양초는 점점 모양을 갖춰 갔다.

"자, 이제 나무젓가락에 붙어 있는 실을 자르자."

양초에서 위로 삐져나온 실을 짧게 자르자 양초의 모양이 완전해졌다.

"해냈다! 양초가 완성됐어!"

"자, 이제 마지막으로 식히면 완성이란다. 그동안 홍차

라도 한 잔 더 마실까?"

지아는 자신이 양초를 만들었다는 사실이 도무지 믿기지 않았다.

> 실험 2
양초의 모양을 관찰해 봐요!

"완성한 양초에 불을 붙여 볼까?"

팽대희 선생님은 그렇게 말하며 지아가 만든 양초에 불을 붙였다.

"불이 켜졌어!"

"내가 만든 양초에 정말로 불이 붙었어, 굉장해!"

지아와 지우는 가슴이 벅차올랐다.

팽대희 선생님이 실험실의 불을 끄자 양초 주변이 더욱 빛났다.

"불이 붙은 양초는 불이 붙기 전과 무엇이 다를까?"

양초를 물끄러미 관찰하던 지우가 말했다.

"심지 끝에 붙은 불? 아냐, 측면에 늘어진 건 뭐지……?

아, 알았다! 녹은 기름이 흐르는 건가 봐!"

"맞아, 제법인걸? 지금 지우는 양초의 변화를 관찰하며 신기한 걸 발견했고 그 이유를 고민했어."

"당연한 거 아니에요?"

"당연하지 않아. 그건 대단한 거야. 방금 지우가 한 건 '고찰'이라고 한단다. 연구에 매우 중요한 사고방식이지! 신기하게 여긴 이유를 스스로 알게 되면 굉장히 기쁘단다."

"음, 확실히 그런 것 같기도 하네요."

고개를 갸웃거리는 지우에게 팽대희 선생님은 책 속의 한 부분을 가리키며 말했다.

실험 결과가 나오면 반드시 깊게 생각하세요. '무엇이 원인일까? 왜 이런 결과가 나왔을까?' 특히 그 결과가 전에 없던 결과라면 계속해서 그 이유를 생각해 보세요. 그러면, 언젠가는 그 이유를 알게 될 것입니다.

양초에 불이 붙는 모습.
밝아지는 모습.

그때 측면에 무언가 흘러내리는 모습.

그 모습에 의구심을 품고 고찰하는 것.

지아는 팽대희 선생님과 지우의 대화를 들으며 깨달았다.

"우선은, '뭘까?' 하고 궁금해하는 게 중요한 거네요?"

"바로 그거야! 그러면 조금 전 지우가 고찰한 현상을 설명해 줄게. 두 사람은 물질에 고체·액체·기체라는 세 가지 상태가 있다는 사실을 알고 있니?"

"알고 있죠! 과학 시간에…… 배웠던 것 같은데요?"

"지우야, 정말로 기억하니? 그럼 물이 각각의 상태로 어떻게 변하는지 설명해 보겠니?"

"모……, 모르겠어요."

지우는 입을 닫아버렸다. 배우긴 했지만, 곧바로 떠오르지 않았다.

"어휴, 진짜. 모르면 처음부터 솔직하게 말해. 음……, 그러니까 물은 액체고 얼음은 고체고 수증기는 기체죠?"

지아는 배운 내용을 차근차근 떠올리

며 말을 이어갔다.

"고체는 일정한 모양과 부피를 갖고, 액체는 일정한 모양은 없지만 일정한 부피를 갖고, 기체는 모양과 부피가 일정하지 않다고 배운 것 같은데요?"

"대단하네! 잘 알고 있구나. 물, 얼음, 수증기가 대표적인 사례지. 하지만 물 말고 다른 물질도 이처럼 모습을 바꾼단다."

팽대희 선생님은 양초에서 녹아 흐르는 우지를 손끝으로 가리켰다.

지우가 놀라며 소리를 높였다.

"혹시 양초도 고체에서 액체로 모습을 바꾸나요? 저 흘러나온 액체가 양초라는 말이에요?"

"그렇단다. 게다가 양초를 관찰하면 기체의 움직임도 알 수 있지."

양초를 자세히 살펴보면, 윗부분이 움푹 파인 것을 알 수 있습니다. 왜 양초 꼭대기가 파여 있을까요? 열로 인해 심지 주변이 따뜻해지면 위로 향하는 공기 흐름이 생깁니다. 즉, 양초 바깥쪽 온도는 중심부 온도보다 낮아집니다. 그래서 중심 부

분은 심지가 다 탈 때까지 심지를 따라 아래로 녹지만 양초의 바깥쪽 둘레 부분은 녹지 않습니다.

"그래서 양초는 꼭대기가 움푹 파여 있는 거란다."
팽대희 선생님은 마치 자신이 설명한 양 으스댔다.

실험 3
소금과 설탕을 이용해 마술을 부려 봐요!

양초를 정리하는 팽대희 선생님에게 지아가 다급하게 말을 걸었다.
"더 없어요?"
"있지! 흥미가 생겼다면 더 다양한 실험을 해 보자꾸나."
"지우야, 기대된다. 그치?"
"정말이지, 넌 얼굴에 다 티가 난다니깐."
"그게 뭐 어때서, 재밌는 걸 어떡하니?"
팽대희 선생님이 두 사람을 불러 모았다.
"실험은 도망가지 않아. 이번에는 조금 다른 실험을 할 거란다. 모세관 현상에 대해 설명해 줄게."

「다른 관점으로 봐야 알게 되는 것이 있습니다. 이번에는 모세관 현상이라는 것을 실험으로 살펴봅시다.」

"모세관 현상? 음, 머리카락과 관계가 있는 건가요?"

★ 액체의 표면이 스스로 수축하여 면적을 작게 하도록 작용하는 힘

"좋은 추리야. 하지만 사실 머리카락과는 관계가 없고 ★표면 장력과 관련이 있단다. 어렵게 생각할 필요는 없어. 같이 표면 장력과 모세관 현상이 어떤 현상인지 살펴보도록 하자."

팽대희 선생님은 다시 책을 펼쳤다.

여러분이 손을 씻을 때 손은 물에 젖게 됩니다. 비누가 묻으면 접착력이 높아져 더 오랜 시간 동안 젖은 상태가 됩니다.

지우는 학교에서 손을 씻을 때를 떠올렸다.
"그러고 보니 비누를 씻어 내야 빨리 말랐어……."
"보통 수건으로 바로 닦지 않아?"

"뭣 하러 그래. 가만히 놔두면 마르는데……."

"그래, 비누가 묻은 상태면 마르기까지 시간이 걸린단다. 표면 장력이 작용하기 때문이지. 그러면 표면 장력을 이용한 실험 하나를 해 보자."

팽대희 선생님은 선반에서 소금 봉투를 꺼냈다. 이어 파티에서나 볼 법한 큰 접시를 준비했다. 그리고 그 위에 소금을 가득 쌓아 올려 산을 만들었다.

한편 컵에는 실험실 책상에 있는 수도를 사용해 물을 가득 받았다. 그리고 물이 넘치도록 컵에 소금을 넣었다.

"이제 이 컵 속의 물은 식염수가 되었어."

"넘치는데, 괜찮아요?"

"괜찮아. 이것으로 '포화 식염수', 즉 더는 소금이 녹지 않는 물이 완성됐다."

"이걸로 뭘 하는 거예요?"

지우가 물었다.

"자, 일단 지켜보렴."

선생님은 컵 속의 포화 식염수를 접시에 쌓인 소금 아래쪽에 부었다.

그러자 식염수는 쌓인 소금을 타고 서서히 올라갔다.

물이 위로 올라가는 신기한 광경에 두 사람은 시선을 빼앗겼다.

마치 마술 같았다.

"만일 쌓인 소금이 무너지지 않는다면, 꼭대기까지 물이 올라가겠지?"

"이게 모세관 현상이에요?"

"맞아, 물질끼리 서로 작용해서 때로는 액체가 위로 올라간다는 사실을 실험으로 증명했지."

"실험은 일상에 있는 것으로도 쉽게 할 수 있군요?"

"모세관 현상 외에도 친근한 표면 장력을 소개해 줄게."

선생님은 조금 전까지 홍차를 마시던 컵에 다시 홍차를 담았다. 그리고 홍차에 설탕을 들이부었다.

지아는 경악했다.

"그렇게 많이 넣으면 살쪄요!"

"하하, 이건 어디까지나 실험이란다."

"지아는 다이어트 중이거든요."

"야, 말하지 마!"

선생님은 홍차가 넘치기 직전까지 설탕을 넣었다.

컵에서는 홍차가 솟아올랐다.

"이처럼 컵보다도 높은 액체가 흘러넘치지 않을 때가 있어. 이것도 표면 장력이란다."

지우는 과학이 우리 일상과 밀접하다는 생각에 다시금 놀랐다.

'이 정도 실험은 쉽게 할 수 있겠는데?'

넘칠 듯한 홍차를 마시며 선생님은 "으, 달다!" 하고 소리쳤다. 이 모습에 지우는 그만 웃고 말았다.

실험 4

불꽃을 다룰 때는 조심해요!

"이제 곧 저녁이군. 오늘은 한 가지만 더…… 스냅드래곤 이야기를 하고 끝낼까?"

그렇게 말하며 선생님은 건포도가 담긴 봉투를 꺼냈다.

건포도를 좋아하는 지아는 들떴다.

"스냅드래곤이 뭐예요? 어떤 실험을 하는 거예요?"

"실제로 실험을 하진 않을 거야. 아주 위험하거든."

"와, 말도 안 돼. 설마 진짜로 드래곤이……?"

"스냅드래곤은 우리 말로 '금어초'라고 하는데, 200년 전쯤에 유행하던 놀이로 유명한 문학 작품에도 나왔단다. 불을 사용하는 위험한 행위여서 절대로 해서는 안 되지만, 이 '금어초 놀이'는 불꽃의 원리를 쉽게 이해하는 데 도움이 된단다. 그럼, 설명을 시작하마."

기나긴 서론을 펼친 후, 선생님은 설명을 시작했다.

> ★ 발효시킨 과일즙이나 포도주를 증류해서 만든 술

"우선 접시에 담은 건포도에 브랜디★를 끼얹고 불을 붙인다. 브랜디는 술의 일종, 다시 말해 알코올이기 때문에 불이 붙거든. 불이 붙은 건포도는 한동안 타오른단다. '금어초 놀이'는 그 불이 붙은 건포도를 손으로 집어 먹으며 자신의 용기를 증명하는 위험한 놀이였지."

두 사람은 몸서리를 쳤다.

"불꽃을 손으로 만지려고 하면 화상을 입을 가능성이 커서 매우 위험하단다. 그러니 다시 한번 말하지만, 절대로 해서는 안 돼. 알겠지?"

팽대희 선생님은 건포도를 접시에 보기 좋게 담았다.

"실험은 못 하지만 준비한 건포도가 아까우니 먹어 보렴."

"잘 먹겠습니다!"

"정말 맛있게도 먹는구나!"

"좀 천천히 먹어."

"맛있는 걸 어떡해. 그래서 불꽃의 원리는요?"

선생님은 책을 펼치며 대답했다.

"여길 보렴."

알코올은 양초와 마찬가지로 연료 작용을 합니다. 건포도는 양초의 심지 역할을 하고 있습니다.

"연료와 심지. 이 두 가지가 있으면 불은 더욱더 세게 탄단다. 양초는 우지를 연료로 타고, 실이 심지가 된 것을 기억하니?"
"제가 만들었으니까 당연히 기억하죠!"
"우리겠지……."
"금어초 놀이에서는 알코올과 건포도. 이 두 가지가 양초와 마찬가지로 연료와 심지가 되었단다. 접시는 연료가 새지 않도록 하기 위한 거고."

불꽃은 일정한 모양을 하지 않습니다. 생기 넘치게 폭발을 지속합니다. 기류의 힘과 불꽃의 불규칙한 움직임이 더해져 공기가 균일하게 흐를 수 없기 때문입니다.

양초에 불을 붙이고서 선생님은 '후!' 하고 숨을 내뱉었다. 그러자 불이 마치 살아있는 것처럼 움직였다.
"이처럼 공기에 따라 불꽃은 모양을 바꾼단다. 마치 '드래곤'이 혀를 내밀고 있는 것처럼 말이지."

실험을 끝내고

 이야기를 가만히 듣고 있던 지우는 시계를 보고 소리를 질렀다.

 "앗, 이제 집에 가야 해요. 안 그럼 혼나요."

 "어, 벌써 시간이 그렇게 됐어?"

 지아도 놀라며 시계를 봤다. 집에 가지 않으면 부모님이 걱정할 시간이었다. 어느덧 창밖에는 붉은 노을이 지고 있었다.

 "어떻게, 내 이야기가 도움이 됐니?"

 "감사해요, 많은 도움이 되었어요."

 지아는 그렇게 감사 인사를 했지만 지우는 여전히 아쉬운 모양이었다.

 "아직 실험 이야기가 남은 것 같은데……."

 그 말에 지아도 아쉬움이 밀려왔다.

 "맞아, 이야기 더 듣고 싶은데……."

"내일 또 와도 돼요?"

"당연하지. 패러데이 이야기도, 실험도 아직 많이 남아 있단다."

두 사람이 찾아준 책을 펼치며 선생님이 말했다. 오늘 이야기는 책의 시작 부분에 불과했다.

"자유 연구 숙제 할 수 있을 것 같아."

"나도, 이제 소재 걱정은 안 해도 되겠어."

"그럼 이만 가 볼게요!"

돌아갈 준비를 하는 두 사람에게 선생님은 미소를 지어 보이며 책을 덮었다.

"조심해서 가렴. 내일 또 보자꾸나."

1장 실험 노트

* 양초도 물과 마찬가지로 액체, 고체, 기체 상태로 모습을 바꿉니다.
* 표면 장력은 액체의 표면이 스스로 수축하여 붙어있으려는 힘을 말합니다.
* 연료와 심지가 있다면 불은 더욱더 세게 탑니다.
* 공기는 불꽃의 모양을 생기 넘치게 바꿀 수 있습니다.

타고 난 양초는
어떻게 될까요?

다음 날, 두 사람은 다시 촛불 과학연구소를 찾아왔다. 길이 익숙하지 않았기에, 살짝 헤매느라 조금 늦고 말았다.

 "안녕, 오면서 길 헤맸지?"

 팽대희 선생님의 말에 두 사람은 서로 마주 보았다.

 "어떻게 알았어요?"

 "몸에는 나뭇잎, 발밑에는 진흙 투성이잖니. 그걸 보고 알았단다."

 "헤헤, 맞아요. 진흙탕도 지나왔어요."

 지아는 창피한 듯 웃으며 옷을 털었다.

"선생님, 오늘은 뭘 가르쳐 줄 거예요?"

"패러데이 책을 따라 이어서 이야기해 줄게."

팽대희 선생님은 다시 책을 꺼냈다. 책을 보며 지아가 말했다.

"패러데이라는 과학자는 어떤 사람이었어요?"

"패러데이에게 흥미가 생겼구나, 이거 기쁜걸? 어디서부터 설명해 줄까……."

"……실은, 저도 조금 궁금했어요."

팽대희 선생님은 기쁜 마음으로 설명을 시작했다.

"패러데이는 영국의 과학자로 런던에서 대장장이의 아들로 태어났단다."

"대장장이는 텔레비전 방송에서 본 적이 있어요. 뜨거워진 철을 두드리는 사람이죠?"

"그래, 그 대장장이. 하지만 패러데이의 집은 가난했었지. 그래서 그는 초등학교를 나오자마자 일을 시작했단다. 책을 만드는 제본소에 들어가 책을 읽고, 직접 설계한 실험을 하면서 공부를 했었지."

"책을 읽고 직접 실험을 설계하다니……. 대단한 사람이었네요!"

"어른이 된 패러데이는, 그야말로 노력을 통해 과학자가 되었어. 그리고 많은 발견을 했지. 특히 전기 분야에서 유명하단다."

"전기는 우리 생활에 없어서는 안 되는 거잖아요!"

패러데이가 엄청난 과학자임을 알게 된 두 사람은 깜짝 놀랐다.

"이 책은 패러데이가 어린이들에게 들려준 크리스마스 강연을 책으로 만든 거란다. 이야기를 듣다 보면, 분명 너희도 과학을 좋아하게 될 거야. 자, 얼른 실험을 시작해 보자."

실험 5

촛불에서 나오는 연기를 붙잡는 방법은 무엇일까요?

팽대희 선생님은 찬장에서 양초를 꺼내 불을 붙였다. 불꽃은 펄럭이며 모양을 바꾸고 있었다.

"오늘은 우선 이걸 해 보자."

팽대희 선생님은 양초와 플라스크, 구부러진 유리관을 준비했다.

그리고 유리관의 한쪽 입구를 불꽃에, 나머지 한쪽 입구를 플라스크에 연결했다.

"뭔가 본격적인 실험 같아. 진짜 과학자가 된 기분이야!"

"선생님 이건 어떤 실험을 하는 도구예요?"

"이건 촛불에서 나오는 '증기'를 붙잡기 위한 장치란다. 어제 한 이야기 기억하니? 물은 액체고 수증기는……"

"기체! 저도 기억하고 있어요!"

"오늘은 기체를 관찰하는 거죠?"

"바로 그거야. 자, 이제 보일 거야."

플라스크가 흐려지며 안에 자욱한 연기 같은 것이 보였다.

"증기를 말로 표현하기는 어렵단다. 그래서 이 실험은 눈으로 보는 것이 중요해."

양초를 일반적으로 사용할 때와는 다른 일이 일어납니다. 유리관을 통해 빠져나온 무언가가 플라스크 바닥에 쌓입니다. 양초의 연료였던 물질이 증기로 변한 겁니다. 바닥에 쌓인 거

로 보아 이 물질이 무거운 물질임을 알 수 있습니다.

"플라스크 안에 기체가 된 촛불이 쌓였어요! 우와 신기해!"

"그렇지? 양초는 이렇게 고체와 기체, 그리고 전에도 봤듯이 액체가 된단다."

"이 증기는 유리관을 갖다 대야만 나오나요?"

"그렇지 않아. 양초에 불을 붙이면 언제든 이 증기는 나온단다. 평소에는 공기와 섞여서 안 보이지. 그래서 이런 실험이 필요한 거야."

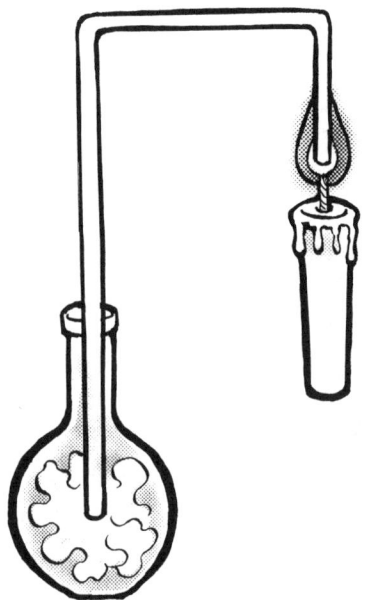

"음, 눈에 보인다는 게 신기하네요."

지우는 실험 장치를 가만히 관찰했다.

"이제부터가 이 실험의 하이라이트야. 조금 위험하니까 떨어져 있으렴."

"위험해요?"

위험하다는 말에 두 사람은 플라스크에서 떨어졌다.

"이 안에 있는 게 기체가 된 양초라는 것을 알았지? 그렇다면 이 기체는 불에 탈까?

"아, 그걸 실험으로 확인하는 거군요?"

팽대희 선생님은 끄덕이며 작은 양초를 꺼내어 불을 붙였다. 그리고 그것을 유리관을 떼어낸 플라스크 안에 넣었다.

그러자 플라스크 안에 있던 증기가 불타기 시작했다.

"이것으로 이 기체가 타는 성질을 가진 '가연성' 기체라는 사실을 알 수 있지."

"양초는 형태를 바꿔도 양초 그대로네요?"

"자, 이것도 잘 보렴."

팽대희 선생님은 타고 있는 양초의 불꽃에 다른 유리관을 갖다 댔다. 그리고 불꽃과 맞닿아 있지 않은 다른 입구에 불을 붙였다. 그러자 그 입구를 통해 불이 나왔다.

기체를 끌어오는 실험이지만, 양초를 끌어왔다고 해도 과언이 아닙니다.

"유리관을 사용하면 이렇게 양초의 성질을 다른 곳으로 연결할 수 있지. 유리관이 양초에서 나온 증기를 연결했으니까."

"불이 연결되다니 상상도 못 했어요."

"마술 같아요!"

이 실험으로 여러분은 양초의 두 가지 작용을 발견했습니다. 하나는 증기의 생성. 또 하나는 증기의 연소. 이 두 가지는 각각 양초의 특정 부분에서 일어나고 있습니다.

"양초는 증기를 만들고 양초의 증기는 탄다. 이 두 가지를 잘 기억해 두렴."

[실험 6]

타지 않는 양초도 있어요!

팽대희 선생님이 두 사람에게 문제를 냈다.

"양초는 양초인데, 타지 않는 양초는 뭘까?"

지아는 고개를 갸웃거렸다.

선생님은 대답을 바라는 표정으로 지우의 얼굴을 쳐다봤다.

"모르겠어요. 조금 전에는 모양을 바꿔도 탄다고 했잖아요."

"하하하, 미안. 질문이 짓궂었지? 고로 이번에는 타지 않는 양초에 대해 알려 줄게."

선생님은 다음 실험 기구를 준비했다. 이전과 똑같은 평범한 양초와 유리 원통이었다.

"먼저 양초에 불을 붙인 후 이 유리를 씌울 거란다. 밖에서 관찰할 수 있도록 유리로 준비했는데, 양초를 씌울 수만 있다면 뭐든 가능하지."

선생님은 원통형의 유리를 양초에 씌웠다. 강하게 타던 양초의 불길이 서서히 약해졌다.

"약하게 불길이 이는 이때 '불완전연소'가 나타난단다."

설명하는 사이 불꽃은 꺼졌다.

"어, 아무것도 안 했는데 꺼졌네요?"

"그래, 꺼진 이유는 타는 데 필요한 어떤 것이 사라졌기 때문이야."

"타는 데 필요한 거요? 양초의 원료인 기름 아니에요?"

"기름이 양초를 만들기 위한 재료인 건 맞지. 하지만, 타기 위해서는 주변의 공기도 필요하단다."

"우리가 마시는 그 공기요?"

"그래 그 공기. 모닥불에 공기를 공급하면, 기름이 없는 곳에서도 불을 크게 만들 수 있지?"

"네, 캠프 할 때 모닥불을 그렇게 키웠어요!"

"그래서 불을 다룰 때 주의가 필요하다고 하는 거란다. 신선한 공기가 들어오는 곳에서는 작은 불이 크게 타오를 가능성이 있으니까."

"그럼…… 이 유리 안에는 지금 공기가 없는 거예요?"

"아쉽지만 조금 달라. 공기는 있지만, 공기 속에 들어 있는 불을 태우는 데 필요한 산소가 없는 거란다."

왜 꺼졌을까요? 공기가 부족해졌을까요? 아닙니다. 원통 안에는 공기가 남아 있습니다. 하지만 원통 속 공기의 일부는 변했습니다. '신선한 공기'가 부족해진 것이지요. 양초가 타는 데 필요한 것은 결국 '신선한 공기'였던 것입니다. 신선한 공기는 무엇일까요? 함께 생각해봅시다.

"이 책에선 타기 위한 산소가 남아 있는 공기를 '신선한 공기'라 불렀단다. 조금 전 촛불이 꺼지려고 할 때 불완전 연소가 일어났던 것을 기억하니?"

"불꽃이 약해졌을 때 말하는 거죠? 신선한 공기가 부족해졌군요!"

"정답! 공기 속에 있는 산소가 없어졌기 때문에 타는 방식이 불완전해졌지. 이 현상을 이용한 것이 바로 **아르강 등**★이라는 옛날 램프야."

★ 원통형의 심지 안팎에서 공기를 주는 램프

선생님은 선반에서 램프를 꺼냈다. 예스러운 미술품처럼 보이는 램프였다. 지아의 눈이 동그래졌다.

"예쁘다……."

"그렇지? 여기에 불을 붙이면……."

램프에 불이 켜지자 주변이 밝아졌다. 방의 불까지 끄자 램프의 불빛만이 남았다.

 "지금, 이 방은 램프 속 불로 밝혀지고 있어. 램프 속 불은 강하게 연소하며 밝은 빛을 유지하고 있지."

 "신선한 공기가 잘 들어가고 있는 거네요?"

 "그렇지, 그리고 이 램프는 우수해서 공기가 들어가는 상태를 조정할 수 있단다. 자, 보렴."

 선생님이 램프의 조정용 손잡이를 돌렸다. 그러자 방을 비추던 램프의 빛이 약해졌다.

"불이 약해진 것은 불완전연소가 일어난 것을 의미하지."

"손잡이를 반대로 돌리면 불이 다시 커져요?"

"확인해볼까? 자, 해 보렴."

지아가 손잡이를 돌리자 방은 다시 밝은 빛으로 가득해졌다.

"다시 불이 커진 이유도 알겠니?"

"신선한 공기가 있어서죠?"

"계속 타다 보면 다시 불완전연소가 되고요!"

"맞아, 그리고 결국 꺼지지. 이 간단한 실험을 통해 우리는 연소·불완전연소·소화의 세 가지 상태를 확인했단다."

실험 7

'철학자의 양털'을 만들어 봐요

"이번엔 '철학자★의 양털'을 만들어보자."

★ 여기서 철학자는 연금술사를 뜻한다.

그렇게 말하며 선생님은 이번에

2장 타고 난 양초는 어떻게 될까요?

도 재빨리 실험 장치를 준비했다.

갑자기 뭉게뭉게 피어오르는 연기와 양털 모양의 구름이 나타났다.

"이 양털 모양의 구름을 철학자의 양털이라 부른단다. 어때, 예쁘게 생겼지?"

"예뻐요! 그런데 어떻게 만들었어요?"

"이 연기도 궁금해요!"

"두 사람 모두 흥미가 솟아오른 모양이구나."

"당연하죠! 너무 예쁘잖아요."

지아와 지우는 눈을 반짝이며 설명을 기다렸다.

"이번에 사용할 건 작은 도가니와 화로란다. 도가니는 열에 강한 그릇이고, 화로는 불을 붙일 수 있는 장치지. 양초보다도 강한 불꽃을 만들 수 있단다."

컵처럼 생긴 물체 안에서 빨갛고 요란한 무언가가 불타고 있었다. 팽대희 선생님도 신중하게 다루고 있는 것 같았다.

"이건 단순히 태우기 위한 도구란다. 이것만으로 현자의 양털과 연기가 생기지는 않지."

"그렇군요, 그럼 이건 뭐죠?"

"아연이란다, 줄★로 깎아낸 아연 조각을 화로에 넣으면 산소와 결합해 예쁜 모양이 된단다."

> ★ 표면을 다듬기 위한 손공구

"지아야, 아연이 뭔지 너는 알아?"

"과학 실험 때나 음식의 영양성분표에서 봤었어."

"인체에도 있는 금속이지. 아연도 재미난 게 많아서 자유 연구 소재로 좋은데……. 어쨌든, 불에 들어가면 다양한 반응을 하는 물질들이 있다는 사실을 기억하렴."

"다른 건 어떤 것들이 있나요?"

"불꽃과 물질의 만남은 흥미롭지. 이번엔 다양한 물질이 복합된 혼합물의 연소를 관찰해 보자."

"혼합물이 탈 때는 무슨 일이 일어날까?"

"흥미가 생기니? 자, 준비했으니 얼른 시작하자!"

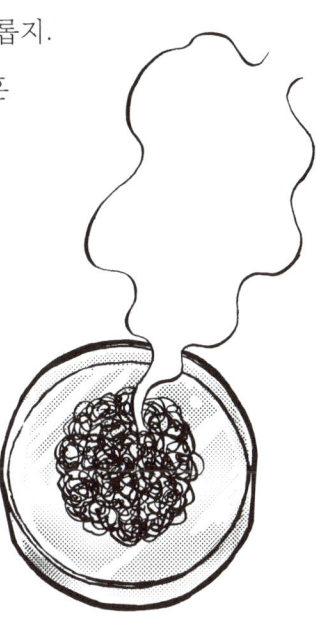

화약과 쇳가루를 섞은 것을 태워봅시다. 작은 사발에

2장 타고 난 양초는 어떻게 될까요?

두 가지를 집어넣고 섞습니다.

"이번에는 '화약'을 사용할 거야. 화약은 불꽃놀이에 사용되곤 하는 불에 잘 타는 가루지. 굉장히 위험하니까 뒤로 물러나렴."

팽대희 선생님은 나무 그릇에 화약을 조금 넣었다.

"여기에 쇳가루를 섞어 '혼합물'을 만들자."

"화약과 쇳가루는 어떻게 달라요?"

"화약은 잘 타지만 쇳가루는 철이라서 작은 불로는 타지 않는단다. 자, 그러면 여기에 불을 붙이면 어떻게 될까?"

선생님이 화약과 쇳가루를 섞은 혼합물에 불을 붙였다. 물러나 지켜보던 두 사람은 조금 무서워졌다. 이윽고 혼합물에서 밝은 불꽃이 솟아올랐다.

"불꽃이 밝아진 이유는, 화약은 불꽃을 내면서 타고 쇳가루는 빛을 내기 때문이란다. '쇳가루는 타고 있지만 타지 않는' 신기한 상태지."

"타고 있지만 타지 않는다고요?"

"불에 의해 반응을 나타내고는 있지만 화약처럼 불꽃을

내며 타는 것은 아니란 말이지. 그래서 '타고 있지만 타지 않는다.'라고 말하는 거야."

"대장장이는 녹은 철을 사용한다고 들었어요."

"맞아, 아주 높은 온도에서는 철도 녹아서 액체가 돼. 하지만 이 정도 불의 경우에는 타지 않고 빛을 내지. 철 말고도 많은 금속이 비슷한 반응을 한단다."

"아연도 금속이니까 타지 않고 빛을 낸 거예요?"

"바로 그거야! 철학자의 양털도 같은 원리로 만들어졌어. 그리고…… 실은 양초도 같은 원리로 빛을 내고 있단다."

"정말이에요?"

지아는 직접 만든 양초를 떠올렸다. 하지만 금속을 넣은 기억은 없었다.

"불이 붙은 양초에서는 '탄소'가 나온단다. 패러데이는 불에 넣으면 강한 빛을 내는 **석송자★**를 예로 들어 그것을 설명했어."

★ 석송의 포자를 건조시킨 것. 폭죽에 사용한다.

촛불이 내는 열기는 양초의 증기를 분해하여 탄소 입자를

분리합니다. 그 입자가 가열되면 이처럼 빛을 내면서 공기 중으로 날아갑니다. 그러나 탄소 입자는 타고 나면 더는 탄소의 형태로 촛불에서 나오지 않습니다. 완전히 눈에 보이지 않는 물질이 되어 공기 중으로 사라집니다.

"자, 그러면 눈에 보이지 않는 물질을 어떻게 관찰할 수 있을까? 다음 실험에서 재미있게 확인해 보자."

실험 8
열기구를 날려 봐요!

팽대희 선생님은 이번엔 가벼운 소재로 된 풍선을 꺼냈다.

"풍선이 어떤 것인지 알고 있니?"

"둥글고 하늘을 나는 주머니요!"

"그럼 이 풍선 안에는 무엇이 들어 있을 것 같니?"

"분명 무슨 가스였는데…… 기억이 안 나요. 위험하니까 조심하라고 했던 건 기억이 나요."

"하늘을 나는 풍선 안에는 헬륨가스가 들어 있어. 헬륨은 공기보다 가볍기 때문에 풍선이 하늘에 뜰 수 있는 거지."

"네? 공기에도 무게가 있어요?"

"우리는 태어나면서부터 공기와 있으니까 깨닫지 못하지만 공기에도 무게가 있단다."

"그런가요? 전혀 안 느껴져요······."

"이번에는 풍선을 이용해 양초에서 나온 증기가 어떻게 되는지를 관찰해 보자."

여기 열기구를 준비했습니다. 열기구를 사용하는 이유는 이제부터 관찰하고자 하는, 보이지 않는 물질의 양과 무게를 측정하기 위함입니다. 일단 관찰하기 쉽게 큰 불꽃을 만들어 보겠습니다.

"자, 이 액체는 알코올이고 옆에 있는 이건 열기구란다."

선생님은 안에 있는 접시를 꺼내어 알코올을 부었다.

"이 알코올은 양초로 치면 기름이지. 여기에 불을 붙이면 강한 불꽃이 일어난단다. 다만 양초에 비해 탄소가 적어서 불꽃이 좀 어두울 거야."

"우리는 조금 물러나자."

지아는 지우의 손을 잡고 익숙한 듯 선생님과 거리를 두었다.

"자, 이제 열기구를 설치하자."

열기구는 접시 위에서 접시의 불꽃을 받아들이는 모양이 되었다. 선생님이 알코올 접시에 불을 붙이자, 어두운 불꽃이 솟아올랐다.

"양초와 비슷한 원리로 불에 타고 있기에 나오는 기체도 같아. 그 기체가 이 열기구 안에 들어오면……."

잠시 후 열기구가 위로 떠 올랐다. 열기구는 천장까지 올라갔다가 방구석으로 떨어졌다.

"우와! 정말 높이 날아가네요?"

"하하, 내가 만든 열기구니까. 열기구를 들어 올린 건 기체의 양이야. 다량의 물질이 기체로 발생하면서 열기구를 들어 올린 거란다."

"그렇게 많은 기체가 나오는구나."

"이건 양초도 마찬가지지. 이전 실험으로 촛불에서 증기가 나오는 것을 알게 되었지? 기체가 되면 그 양은 놀랄 정도로 많아진단다."

"보이지 않는 기체의 양을 측정하기 위해 열기구가 필요했던 거네요?"

"그래서 열기구를 사용한 거구나!"

"열기구를 들어 올린 증기의 정체를 더 정확히 확인하기 위해 다시 한번 실험을 해 보자."

선생님은 이번엔 양초와 두꺼운 유리관을 준비했다.

"이번엔 이 양초에 불을 켜고서 유리관을 위에 씌울 거야."

유리관을 설치하자 양초의 증기가 유리관 표면을 흐릿하게 만들었다.

"흐릿해졌지? 이게 양초에

불을 켰을 때 나오는 기체의 정체란다."

"정말 흐릿하네요?"

"그렇지? 그럼, 이것의 정체는 뭘까?"

다음 실험을 시작하기 전에 여러분에게 힌트를 드리겠습니다. 유리관을 흐려지게 한 물질의 정체는 '물'입니다. 그러면 다음 시간에는 이 물질의 근원을 액체 형태로 간단하게 파악해 봅시다.

"자, 이게 다음 실험의 내용이야."

"물이요?"

"정말이네, 확실히 물방울이 보이는 것 같아요."

"자, 과연 어떻게 물이 생겼을까? 다음 실험을 기대하렴!"

실험을 끝내고

어제와 마찬가지로 석양이 과학연구소를 비췄다.

"오늘 실험은 끝이에요?"

석양을 바라보며 지우는 아쉬운 얼굴로 말했다.

"그래, 오늘은 여기까지 하자꾸나. 주변 정리를 도와줄래?"

"네!"

두 사람은 선생님을 도와 실험 도구를 정리했다. 정리를 하며, 지아와 지우는 꽤 익숙해졌음을 느꼈다.

"패러데이는 많은 실험을 하고 많은 실험을 봐 왔단다. 딱 지금의 너희처럼."

선생님은 정리를 하는 와중에도 패러데이 이야기를 꺼냈다.

"때로는 해외로 여행을 가서 실험실을 둘러보기도 했었지."

"그 정도였어요?"

"그래, 당시에는 실험에 사용하는 물건이나 도구를 손에 넣기 힘들기도 했겠지만, 내 생각에 패러데이는 실험을 진심으로 좋아했던 게 아닐까 싶어."

"그 마음, 조금은 알 것 같아요. 저도 점점 실험이 즐거워지고 있거든요."

지아는 조금은 패러데이가 가깝게 느껴졌다. 실험도 즐거웠지만, 이렇게 과학연구소를 다니는 일도 좋았다.

"패러데이는 실제로 실험의 즐거움을 편지로 적어 친구에게 전하기도 했고, 제본소에서 일하던 시절에는 실험을 위해 직접 다양한 실험 물품을 구매했었지."

"와……. 정말 많이 좋아했나 봐요."

"그건 그렇고, 오늘의 요약!"

양초처럼 한창 타고 있는 와중에, 또는 화약과 쇳가루의 혼합물처럼 타고 난 직후에 고체 입자를 내보내는 모든 물질은 영롱하고 아름다운 빛을 낸다는 것을 알 수 있는 실험이었습니다.

"양초의 빛이 조명에 사용되어 온 것도 이런 특성이 있었기 때문이지."

2장 실험 노트

* 촛불은 증기를 만들고, 이 증기는 타는 성질을 가진 '가연성' 기체입니다.
* 공기 중 산소의 농도에 따라 연소·불완전연소·소화의 세 가지 상태를 확인할 수 있습니다.
* 탄소 입자는 가열되면 빛을 내면서 공기 중으로 날아갑니다.
* 양초가 기체가 되면 그 양은 놀랄 정도로 많아집니다.

3

유리가 연기로 흐려지는 이유는 무엇일까요?

다음 날도 두 사람은 과학연구소를 찾았다. 벌써 세 번째 방문이다. 선생님은 책상에 팔꿈치를 괴고 격렬하게 흔들리는 양초의 불꽃을 바라보고 있었다.

 "어, 오늘은 창문이 열려 있네요."

 "바로 알아차렸네? 불꽃과 바람의 관계를 기억하니?"

 "혹시, 이거 저희를 시험하신 거예요?"

 "하하, 살짝 확인해 보려고 했을 뿐이다. 그저께 배운 내용이지?"

 "공기가 불꽃의 형태를 바꾼다!"

 "제법인걸? 과학이 좋아진 거니?"

"아직 잘 모르겠지만, 아마도요."

지우는 조금 쑥스러워하며 대답했다.

"이렇게 조금씩 지식을 습득하면 분명 도움이 될 거야."

"우선은 자유 연구부터죠."

"맞다, 오늘은 어떤 거로 할까?"

선생님이 무언가를 찾기 시작했다. 잠시 후, 선생님이 꺼낸 건 우유 분말이었다.

"일단은 홍차부터 마실까? 오늘은 양초로 데워 봤단다."

양초로 데운 홍차를 건네는 모습에 두 사람은 그만 웃고 말았다.

"매번 그렇지만, 선생님 좀 특이해요."

"그런가? 실험 도구를 쓰면 마치 실험하는 기분이 들어서 즐겁거든."

"그런가요……?"

"그럴 수도 있겠다……."

두 사람은 각기 다른 반응을 내뱉었다.

실험 9

양초에서 물을 얻을 수 있다고요?

"양초에서 얻을 수 있는 물질에는 어떤 것이 있는지 알고 있니?"

"만들었을 때 본 기름이요?"

"양초를 태우면 기름뿐만 아니라 다양한 물질이 나온단다."

"아, 알겠다. 어제 말한 탄소요! 태우면 나오잖아요."

"그렇지, 기체가 나오는 것도 배웠지."

양초 한 자루가 탈 때, 적절한 장치를 사용하면 다양한 생성물을 얻을 수 있음을 알게 되었습니다. 그중에는 양초가 제대로 타고 있을 때 도저히 얻을 수 없는 한 가지 물질이 있었습니다. 바로 그을음, 즉 검은 연기였습니다. 그리고 연기와 달리 눈에 보이지 않지만 불꽃에서 위로 올라가는 몇 가지 물질도 있었습니다. 그 물질은 전체 흐름의 일부가 되어 눈에 보이지 않게 촛불에서 상승하여 달아납니다.

"그럼 이제 증기에 대해 알아보자. 어제 열기구를 날린 증기 말이다."

"그 정체는 물이라고 했잖아요."

"그렇지, 증기에서 물이 나오는 것을 한번 실험으로 증명해 볼까?."

선생님은 얼음이 가득 든 사발을 준비했다. 그리고 거기에 소금을 가득 뿌렸다.

"평범한 소금과 얼음이란다. 물을 얻기 위해서는 이런 장치로 불꽃을 식힐 필요가 있어."

"얼음이 녹아 나오는 물과 양초에서 나오는 물은 다른 물인가요?"

"좋은 질문이야. 이제부터 주의 깊게 보렴. 사발 바닥에 고이는 물은 이 얼음이 녹아서 생긴 물이야. 하지만 양초에서 생성된 물은 다른 곳에 생긴단다."

"음, 아직은 무슨 말인지 모르겠어요. 집중해야겠는걸요?"

"이건 지우가 도와주면 좋겠다. 이 사발을 들어 줄래?"

"네."

"이제 양초에 불을 붙일게. 이 불을 지우가 들고 있는 사발 아래에 갖다 댈 테니 조심해서 잘 들고 있으렴."

선생님이 양초의 불을 사발 아래로 가져가 데우자 사발의 아랫부분에서 물방울이 떨어지기 시작했다.

"이게 양초에서 나온 물이에요?"

지아는 사발 아랫부분을 조심스럽게 관찰했다.

똑똑, 점차 많은 물방울이 떨어지는 광경이 지아는 흥미로웠다.

이번엔 양초를 옆으로 치우고 사발 밑에 컵을 갖다 댔다. 그러자 그 컵 속으로 물방울이 떨어져 담겼다.

"이것이 양초에서 나온 응결된 물을 얻는 방식이란다. 이제 사발을 내려놔도 된다."

"양초의 물은 이렇게 만드는군요. 생각보다 쉬운데요?"

"그래서 이 물은 평범한 물이에요?"

"그래, 이건 일반적인 물이란다."

"양초의 물이라고 해서 특별한

건 없네요?"

"알코올램프도, 석유램프도 마찬가지로 연소를 하는 물질이라면 대부분 물을 만들 수 있단다."

"귀중한 물은 아니네요?"

"귀중한 물이지! 너희가 손수 만든 물이니까. 이 물이 되기까지의 과정을 보고서로 작성해 보는 것도 자유 연구 주제로 좋을 거야."

"그렇군요. 직접 실험하는 게 연구에서 중요한 거군요?"

"그렇단다. 이 실험의 핵심을 요약하자면, 바로 차가운 부분에서 물방울이 만들어진다는 것이지."

양초에서 나오는 상승기류 중에는 깨끗한 숟가락이나 접시같이 차가운 물건에 닿으면 응결하는 물질과 응결하지 않는 물질이 있습니다.

"이런 현상은 주변에서 어렵지 않게 볼 수 있단다."

실험 10

물과 얼음 중 어느 쪽이 더 무거울까요?

"지아는 고체, 액체, 기체의 세 가지 상태를 설명할 때 얼음, 물, 수증기를 말했었지?"

"네, 학교 선생님이 물이 액체고 얼음이 고체, 수증기가 기체라고 알려 줬어요."

"차갑게 하거나 따뜻하게 하면 형태를 바꾼다는 사실은 실험을 통해 알게 됐고."

사발 안에서 녹고 있는 얼음과 녹아서 물이 된 부분을 가르키며 선생님은 설명을 이어갔다.

"구체적으로, 온도를 낮추면 어떻게 될까?"

"얼음이 돼요."

"그렇다면 물을 차갑게 해 보자. 냉동고가 이 연구소에도 있으니까 거기에 이 컵 A를 넣어 볼게."

"냉동고도 있어요?"

"얼음을 실험에 사용해야 하니 냉동고가 있군요?"

"그래, 냉동고는 과학 실험실에 꼭 필요하단다. 다음으로 얼음을 따뜻하게 하면 어떻게 될까?"

"물이 되겠죠? 이 사발의 얼음이 녹았듯이요."

"빙고! 이 물을 컵 B에 넣을게."

"아까부터 컵을 늘리는데 왜 그러는 거예요?"

"물의 '부피'에 관해 알아보려는 거야. 조금 전 냉동고에 넣은 컵 A도, 이 컵 B도 양을 측정하기 위한 눈금이 표시되어 있지."

자세히 살펴보자 컵 속에는 양을 측정하기 위한 숫자가 적혀 있었다.

"물은 얼음이나 수증기가 되었을 때 부피를 바꾼단다."

선생님은 컵 B의 뚜껑을 꽉 닫고 알코올램프로 가열하기 시작했다.

"이제 기다리기만 하면 돼. 잠깐 쉬자."

"시간이 걸리는 실험이네요."

"컵의 내용물이 변하기까지는 시간이 필요하거든."

세 사람은 차를 마시며 기다리기로 했다.

잠시 후 '펑!' 하는 소리가 냉동고에서 울렸다.

"무슨 일이야!"

깜짝 놀란 지아가 냉동고를 열자 컵 A가 깨져 있었다.

"실패한 거예요?"

"아니, 성공한 거란다. 물이 얼음이 될 때는 강한 힘이 발생하거든. 얼음의 압력이 이 컵을 터지게 할 만큼 힘이 세다는 거지."

"얼음이 이렇게 힘이 센 줄 몰랐어요."

"우리 주변엔 이런 힘이 많이 존재한단다. 다음으로 컵 B를 볼까?"

알코올램프로 가열되고 있는 컵 B는 부글부글 끓어오르고 있었다.

꽉 닫혀 있던 뚜껑은 어느새 떨어져 나뒹굴고 있었다.

"이쪽도 큰 힘이 발생했나 보네."

"그 힘이 뚜껑을 밀어낸 건가요?"

"그래, 이 컵 속의 물이 수증기로 변하면서 컵 속에 더는 담길 수 없게 된 거지. 그래서 밖으로 나오려고 뚜껑을 밀어낸 거란다."

"왜 그렇게 된 거죠?"

"부피, 즉 크기가 변했잖니."

"그렇군요! 냉동고에서 본 얼음도 커졌고, 수증기도 컵 속에 담기지 않을 만큼 커졌네요?"

"설명하기 전에 한 가지 더 봐줬으면 하는 게 있단다."

선생님은 다시 얼음과 물이 담긴 사발을 꺼냈다. 시간이 지난 터라 얼음 대부분이 녹았고, 물에 약간의 얼음만 떠 있는 상태였다.

"얼음은 물에 뜬단다."

"어라? 듣고 보니까 그러네요?"

그 말을 듣고 지우는 놀랐다. 주스를 마실 때 종종 얼음을 넣어 마시곤 했는데, 한 번도 얼음이 떠 있다는 생각은 하지 못했다.

"얼음은 왜 물에 뜰까?"

여러분, 이 사례에 대해 과학적으로 생각해 봅시다. 얼음이 얼면, 얼음을 만든 물의 부피보다 커집니다. 그래서 얼음과 같은 부피의 물을 준비하면 얼음을 만든 물보다 더 많은 물을 준비하게 됩니다. 즉, 같은 부피의 얼음과 물일 경우, 물이 얼음보다 무겁습니다.

"그래서 물보다 가벼운 얼음이 물 위에 뜨는 거란다."

실험 11

얼음과 물 그리고 수증기를 다뤄 봐요!

얼음이 든 물병과 알코올램프로 끓인 물을 가지고 선생님은 이야기를 이어나갔다.

"이걸 좀 더 상세히 살펴보도록 하자. 이 차이에 대해 적는 것도 자유 연구 주제로 제격이지."

"얼음과 물과 수증기요?"

"얼음과 물은 잘 알겠는데, 수증기는 어려워요."

"아무래도 수증기는 눈에 안 보이니까 좀 더 낯설 수 있지. 습기나 습도라는 말을 들어 본 적 있니?"

"일기예보에서 들어 봤어요."

"높으면 축축하잖아요. 저는 축축한 거 진짜 싫어해요."

"이게 전부 수증기와 관련 있단다. 무슨 일이 일어나는지, 그걸 알아보는 것도……"

"자유 연구 주제죠?"

"그래, 이젠 말 안 해도 아는구나. 공기 중에 수증기가 많으면 모두가 축축함을 느끼지."

"공기에 수증기가 섞여 있어요?"

"어떻게 하면 물로 되돌아가요?"

"공기 중의 수증기는 작은 계기로 모두의 앞에 나타난단다."

수증기는 응결하여 물이 되는 성질을 지녔습니다. 온도가 내려가면 수증기는 액체 상태인 물로 돌아갑니다.

선생님은 작은 뚜껑이 있는 특이한 캔을 준비했다.

"음료수 캔과는 조금 다르게 생겼네요? 실험용이에요?"

"이건 밀폐가 가능한 캔이란다. 물통에 좀 더 가까우려나?"

"안에는 뭐가 들어 있어요?"

"안에는 수증기가 들어 있단다. 이걸 한번 물로 되돌려 보자."

선생님이 차가운 물을 캔에 끼얹자, '빠지직' 하는 큰 소리가 실험실에 울려 퍼졌다.

캔은 마치 강한 힘으로 쥐어짠 것처럼 찌그러졌다.

"깜짝이야!"

"이것도 얼음이 됐을 때처럼 강한 힘이 작용한 거예요?"

"수증기가 물로 바뀔 때 부피가 줄면서 내부가 진공 상태로 변했단다. 그래서 찌그러진 거야."

"차가워지는 것만으로도 수증기에서 물이 되는군요?"

"여름에 차가운 페트병이나 캔을 놓아두면 주변에 물방울이 생기는 이유도 이와 같단다. 얼음 주변에 차가운 물이 고이는 것도 그렇고."

다시 본론으로 돌아가겠습니

3장 유리가 연기로 흐려지는 이유는 무엇일까요?

다. 앞으로 여러분은 물의 형태가 어떻게 변하든 현혹되지 않을 겁니다. 물은 언제나 물이니까요.

"결국, 바다에서 가져온 물도 양초의 불꽃에서 나온 물도 전부 똑같은 물이라는 말이지."
"자, 다시 양초로 되돌아갈까?"
팽대희 선생님은 양초로 얼음물이 든 비커를 가열했다. 가열한 비커 밑바닥에서 물방울이 떨어졌다.
"이 실험은 전과 똑같아. 그럼 이 물은 어디에서 왔을까?"
"이상해요. 열을 가하면 수증기가 되어야 하잖아요."
"그러게, 양초 속에 물이 있는 것도 아니고……."
"어떻게 기름으로 만든 양초와 물이 합쳐졌는데 새로운 물이 생기는 거죠?"
"여기에는 수소라는 원소가 연관되어 있단다."

수소는 과학에서 원소라고 불리는 것 중 하나입니다. 그 이상 분해가 안 되기 때문에 원소라 불립니다.

"수소는 다른 물질로는 바뀌지 않고 무언가와 결합하여 물을 만들어 내는 원소란다. 물은 처음부터 물이라 생각하기 쉽지만, 실은 다른 두 성분이 합해져서 생겨나는 거란다."

실험 12
'철학자의 등'을 만들어 봐요!

선생님이 갑자기 가운을 뒤집어쓰고 모형 지팡이를 손에 들었다.

"우린 이제부터 '철학자의 등'을 만들어 볼 거야."

"그거 코스프레예요?"

지아는 쓴웃음을 지었다.

"선생님 정말 엉뚱하네요······."

"앞선 실험도 주의가 필요했지만, 이건 각별한 주의가 필요하단다."

과학 공부가 진행될수록 우리는 조금만 실수해도 몸에 해로

운 위험한 물질들을 접하게 됩니다. 산성 물질이나 불, 그리고 가연성 물질 등 실험실의 물품을 부주의하게 사용할 경우 크게 다칠 수도 있습니다.

"패러데이도 주의하라고 하고 있네요. 과학 선생님도 실험 때 종종 말씀하셨어요."

"맞아, 몇 번씩 말했었어."

"실험을 하다 보면, 위험한 약품을 사용하는 일도 생기거든. 우린 이번에 황산이라는 약품을 사용할 거야."

팽대희 선생님은 진지한 얼굴로 선반의 자물쇠를 열고 약품이 든 병을 꺼냈다.

"그리고 이 도구를 사용할 거야."

유리병에 코르크 마개가 끼워져 있고 거기에 유리관이 꽂혀 있었다.

"유리관이 빨대 같아요. 마치 종이팩 주스에 빨대를 꽂은 것처럼요."

"지아, 너는 먹보라서 그런 생각만 하네?"

"야, 놀리지 마! 그냥 어딘가에서 본 것 같아서 말한 것뿐이야!"

"자자, 싸우지 말고. 그런데 종이팩 주스라니, 예리한데? 그런 상태가 이 안에 만들어져 있단다."

병 안에는 금속으로 보이는 작은 조각이 들어 있었다. 형광등 빛이 반사되어 마치 희미하게 빛나고 있는 것 같았다.

"이 반짝반짝 빛나고 있는 작은 건 뭐예요?"

"아연이란다. 금속의 일종인 건 알고 있지? 이제부터는 아주 위험하니까 조심하렴."

팽대희 선생님은 병 속에 물을 넣었다. 한 번에 가득 채우지 않고 시간 간격을 두며 물을 넣었다.

"이 실험에서는 수소가 발생하는데, 굉장히 타기 쉬워서 공기와 섞이면 폭발을 일으킬 수도 있단다. 그러니 조금 멀리 떨어져서 지켜보렴."

"수소가 그렇게 무서운 원소예요?"

"그렇다고 너무 무서워할 필요는 없단다. 우리 주변에서 흔히 접할 수 있거든. 그리고 황산은 손에 묻으면 위험한 액체니까 혹시 나중에 다룰 일이 있다면 주의하도록."

팽대희 선생님은 한 번 더 경고하며 황산을 유리병 속에 넣었다.

"황산과 물, 거기에 아연을 넣은 이 병 안에서는 수소가 발생하고 있단다."

"벌써 다 됐어요? 생각보다 빠르네요?"

"아직, 마지막으로 발생하는 수소를 모으기 위해 이 도구를 사용한단다."

"지아가 아까 주스에 꽂은 빨대 같다고 한 거네요?"

"넌 또 그 얘기니?"

"수소는 가벼워서 유리병 입구로 나오거든. 그래서 이걸

이용해 붙잡아야 하지."

"정말 수소가 모이고 있는 거예요? 투명해서 잘 모르겠어요."

"그러게, 타기 쉽다고 했으니까 불을 붙여 보면 알 수 있지 않을까?"

"똑똑한데? 어디 한번 불을 붙여 볼까?"

팽대희 선생님이 불을 유리관 가까이 가져가자 불꽃이 작게 타올랐다.

"이 불꽃은 일반적인 불꽃보다 온도가 높단다. 그리고 이것을 잠시 놓아두면……."

잠시 후 수소가 들어 있던 유리병 안쪽에 물이 고였다. 고인 물은 유리병 벽을 타고 미끄러지듯 떨어졌다.

"이로써 수소와 불꽃이 만나면 물이 생긴다는 것을 알 수 있지. 이게 바로 '철학자의 등'이란다."

"이름도 너무 예뻐요, 신기해!"

"패러데이는 수소를 '멋진 물질'이라고 칭했단다."

"멋진 물질이요?"

"공기보다 가볍지만 힘이 세서, 풍선을 만들거나 비눗방울을 만들면 하늘로 올라가니까."

"그렇군요, 정말 '멋진 물질'인걸요?"

실험을 끝내고

오늘도 어김없이 석양이 실험실을 비췄다. 여기서 석양을 보는 것은 이번이 세 번째였다.

"벌써 저녁이야?"

"그러네, 이제 집에 가자. 안 그럼 걱정하셔."

"자, 오늘 실험은 여기까지. 하지만 과학은 집에 가서도 계속할 수 있지."

"어떻게요?"

"이번 실험에 사용한 물은 우리 가까이에 있거든."

"맞아요. 요리나 청소, 목욕할 때에도 사용해요."

"물은 과학에서는 매우 중요한 물질이란다. 그런데 계절의 변화처럼 사소한 변화에도 물은 변하니까 집 안팎으로 물을 관찰해 보는 것도 도움이 된단다."

물은 항상 그 상태가 변합니다. 인공적인 수단을 쓰지 않더

라도 변합니다. 하지만 우리가 이렇게 인공적인 방법을 쓰는 이유는 길고 혹독한 겨울 대신, 이 작은 병 주변에 작은 겨울을 만들기 위함입니다.

"요리할 때에도 물을 따뜻하게 데우거나 차게 식히잖니. 그럴 때 오늘 실험을 떠올려 보렴."

"요리를 통해 과학 실험을 할 수도 있구나! 지아야, 나도 요리 도와줘도 돼?"

"엄마한테 부탁해 봐. 근데 지우 너 제대로 도울 수 있겠어?"

"걱정하지 마. 오늘 배운 걸 활용해 볼 테니까."

"이젠 집에 가는 게 아쉽지 않은 모양이구나. 패러데이도 또래의 사람과 함께 실험에 푹 빠져 있을 때가 있었단다. 즐거웠을 거야. 내 상상이지만, 실험 결과에 대해 매일 밤 이야기를 나눴을지도 모르지. 실험은 즐거우니까!"

"선생님, 패러데이 이야기하다가 날 새겠어요. 오늘은 시간이 늦어서 이만 실례할게요."

"아이고, 내 정신 좀 봐. 어서 가 보거라. 패러데이 이야기는 다음에 하자꾸나."

3장 실험 노트

* 양초에서 나온 기체의 정체는 물입니다.
* 물은 얼음이나 수증기로 변할 때 부피를 바꿉니다.
* 양초에서 나온 물은 수소와 연관되어 있습니다.
* 불꽃과 반응한 수소는 다른 물질과 결합해 물을 만듭니다.

양초는 왜 탈까요?

이제 두 사람은 촛불 과학연구소로 오는 길이 완전히 익숙해졌다. 팽대희 선생님은 이미 홍차를 잔에 준비해 놓고 있었다.

"어, 저희 또 온다고 말 안 했는데, 신기하네요?"

"우리가 매일 오니까 그런 거 아냐?"

"너희에게 패러데이 이야기를 들려주는 게 즐거워서 말이지. 이렇게 미리 준비해 놓았단다. 패러데이도 실험한 결과를 편지로 써서 친구에게 보냈었다고 말했지? 분명 그도 설레는 순간을 함께하고 싶었을 거야. 나도 마찬가지고. 그래서 패러데이는 편지를……"

"됐고요, 다음은 어떤 실험을 해요?"

"다행이야. 두 사람 모두 아직 양초에 싫증이 난 것 같지는 않구나. 여전히 양초를 사용한 실험이 많이 남았거든."

"오늘은 직접 만들어 왔어요."

지우는 지아와 함께 집에서 직접 만들어 온 양초를 꺼내 보였다.

"대단해, 집에서 만들었구나! 당연히 부모님이 지켜보는 데서 만든 거겠지?"

"네, 당연하죠. 보고 깜짝 놀라셨어요."

"그런데 너희들, 양초가 왜 타는지는 알고 있니?"

"정작 양초가 왜 타는지는 생각해 본 적이 없는 것 같아요."

"막연히 기름이 타는 물질이라는 건 아는데, 이유가 뭐지?"

"이 또한 수소가 얽혀 있단다. 어제 수소는 무언가와 결합해서 물을 만들어 내는 원소라고 했지?"

앞에서 양초가 탈 때 우리 주위에 흔히 있는 물과 조금도 다르지 않은 물을 만들어 낸다는 걸 알 수 있었습니다. 이 물에 대한 실험을 진행하면서 우리는 수소라는 신기한 물질도 발견하게 되었습니다.

"우선은 이 물에 대해 자세히 살펴보자."

실험 13

건전지를 이용해 액체에서 기체를 꺼내 봐요!

"홍차 더 끓일 거예요?"
"홍차는 이미 마셨잖아."
"더 주실 수도 있지!"
선생님은 물이 든 컵을 내려놓고 흔히 볼 수 있는 건전지를 그 앞에 놓았다.
"아쉽지만 이 물은 실험에 사용할 거야. 물의 정체를 확인하기 위해서지."

이번에는 이 힘을 이용해 물을 분해하여 수소 외에 물속에 어떤 성분이 있는지 알아보겠습니다.

"이 장치는 조금 복잡하단다. 그림으로 설명해 줄게."

선생님은 복잡하게 생긴 장치를 꺼내고 실험실 칠판에 무언가를 그리기 시작했다.

"왠지 수업 같아."

"무슨 소리야. 여태 수업 같았는데."

칠판에 그림을 다 그린 팽대희 선생님이 두 사람을 바라봤다.

"그럼, 시작해 볼까?"

선생님이 하얀 금속으로 만들어진 판 두 개를 준비했다.

"이건 백금이라 불리는 금속이야. 보통 전극으로 사용된단다."

"전극이 뭐예요?"

"지우야, 전극은 플러스나 마이너스를 말해. 건전지에 있잖아."

"본 적은 있어. 근데 그게 뭔지는 잘 몰라."

"전지에는 반드시 그 두 가지가 발생하지. 두 판 사이 전기가 흐른다고 생각하면 된단다."

선생님은 두 개의 금속판에 전선을 연결했다.

"이렇게 해서 두 판은 전극이 되었어. 이제 이걸 장치에 연결하자."

전선이 연결된 두 판이 담긴 컵에는 물이 들어 있었다. 그 물은 유리관을 통해 수조 위에 있는 다른 병과 연결되어 있었다.

"이 컵의 물에는 산성 물질이 섞여 있어. 이는 물에 전기를 통하게 하기 위해서란다."

"들은 적 있어요. 순수한 물은 전기를 투과시키지 못한다고 하더라고요."

"그래, 그래서 산성 물질을 섞을 필요가 있는 거지."

설명을 덧붙이는 사이, 물에 변화가 생겼다. 컵 속은 끓는 것처럼 부글댔다.

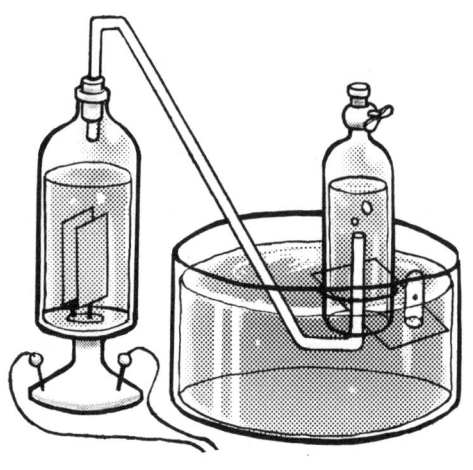

"이건 끓는 걸까? 만약 그렇다면 다른 병 속은 수증기로 가득해지겠지?"

"부글대고 있으니까 끓는 거 아닐까요? 우와……."

"음, 수증기가 아닌 것 같은데?"

"지우, 그럼 저 안에 들어 있는 건 뭐야?"

"글쎄, 혹시 수소?"

"만일 수소라면 불에 타겠지? 얼른 불을 갖다 대 보자."

팽대희 선생님은 장치에서 병을 분리한 후 불을 갖다 댔다. 그러자 펑 하고 큰 소리가 나면서 불이 격렬하게 타올랐다.

"우왓, 깜짝 놀랐네. 무슨 일이에요?"

지우는 깜짝 놀라 그만 허리를 삐끗하고 말았다.

"이 불을 자세히 관찰하면 이런 걸 알 수 있지."

이 기체는 분명히 가연성 물질입니다. 그러나 수소처럼 타지는 않았습니다. 수소였다면 그렇게 큰 소리를 내지는 않았을 겁니다. 불빛은 수소가 타며 내는 불빛과 같습니다. 하지만 이 기체는 공기와 접촉하지 않는 곳에서 탔습니다. 제가 지금 이 특별한 장치를 만든 이유는 이 실험의 특별한 조건을 여러분에게 강조하기 위해서였습니다.

"특별한 조건이 뭘까요?"
"이 기체가 무엇이든 간에, 공기 없이 탄다는 것을 패러데이는 증명한 거지."
"그렇군요, 이 안에 들어 있는 것은 분명 물을 분해한 물질인데……."
"수소와 비슷하지만 다른 어떤 물질, 대체 무엇이 분해되었을까?"
"대체 뭘까요?"
"하하, 조금 더 알아보자!"
의욕에 찬 두 사람의 모습을 보며 팽대희 선생님은 싱긋 웃었다.

실험 14
불가사의한 기체의 정체는 무엇일까요?

물에 전기를 통하게 함으로써 병 속에는 불가사의한 기

체가 생겼다. 팽대희 선생님이 그 병을 손에 들고 말을 이어갔다.

"우선은 이 기체와 비슷한 수소의 특성을 떠올려 볼까?"

수소의 특징을 떠올려 봅시다. 수소는 용기를 거꾸로 세워도 그 속에 머무를 정도로 가벼운 기체로, 푸른 불꽃을 내며 타오릅니다. 이 기체도 이런 특징을 갖는지 알아보도록 합시다.

"물을 구성하는 성분 중 하나가 수소라고 했었지? 그러니 수소도 물에서 얻을 수 있단다."

선생님은 이번엔 다른 실험도구를 준비했다. 물이 든 수조 안에 두 개의 가느다랗고 긴 유리관이 튀어나와 있고 각각의 유리관에는 백금으로 된 선이 이어져 있었다.

"이건 어떤 장치예요?"

"이 장치에도 전기가 흐르고 있단다. 한쪽 유리관에는 조금 전 설명한 수소가 들어 있지."

선생님은 두 유리관 중 물의 양이 적은 쪽을 가리켰다.

"이쪽이 수소. 맞는지 불을 한번 붙여 볼까?"

불을 붙이자 푸른 불꽃이 유리관 입구로 나왔다.

"다른 쪽 유리관에는 수소와 함께 물을 만드는 나머지 기체가 들어 있단다."

"정체를 모르니까……. 알아볼 필요가 있는 거죠?"

"어떻게 해야 알 수 있어요?"

"먼저 불이 붙은 나뭇조각을 넣어 보자."

불이 붙은 나뭇조각을 유리관 속에 넣자 격렬하게 타올랐다.

"뭐가 나뭇조각을 격렬하게 태우는 거지?"

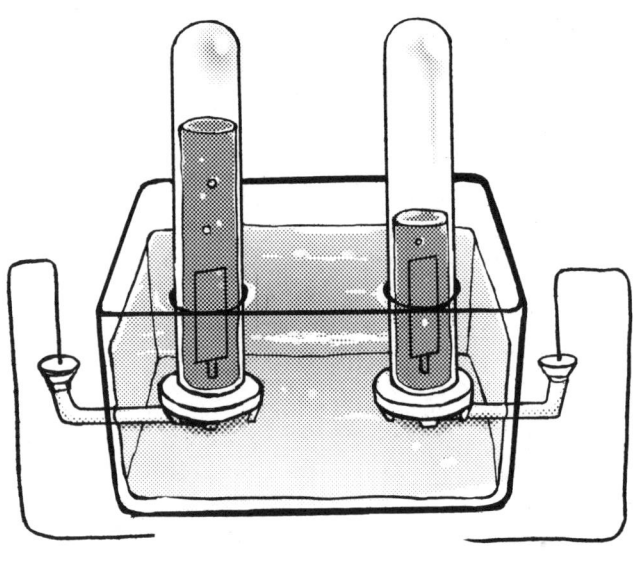

이 불가사의한 기체에 임시로 이름을 붙여 둡시다. 기체 A나 기체 B, 아니면 기체 C로 할까요? 아니, O라고 합시다. 바로 '산소(oxygen)'입니다.

"자, 답이 나왔네. 이것은 산소란다."
"산소요? 자주 들어봤어요."
"식물이 광합성으로 만든다고 과학 시간에 들었어요."
"맞아, 인간이 호흡할 때도 사용하지. 바로 그 산소야. 지아 말처럼 광합성으로도 만들 수 있고."
"산소가 물속에도 있었네요?"
"빙고! 물은 산소와 수소가 결합해서 만들어진단다."
"한 가지 더, 이건 그 두 가지가 결합하는 부분을 재현하는 장치란다. 안을 보렴."

선생님은 병에 펌프를 부착한 것처럼 생긴 실험 도구를 준비했다. 두 사람은 그 병을 들여다봤다. 병 안에서는 격렬한 빛이 나며 물이 계속 늘어갔다.

"수소와 산소, 이 두 가지가 결합할 때 이렇게 빛을 발하지. 강한 에너지지만 이 병은 견딜 수 있단다."
"위에도 물방울이 가득 달려 있어요."

"이것도 산소와 수소가 결합해 생긴 물인가 보네요?"

"수소와 산소가 결합해 물을 만든다는 사실을 두 사람 모두 이제 알았지? 자, 그럼 마지막 질문. 그 두 가지 중 어느 것이 더 많이 들어 있는지 알고 있니?"

"당연히 모르죠!"

당당한 지우의 모습에 팽대희 선생님은 웃으며 말을 이어갔다.

"힌트는 물속에서 수소와 산소를 각각 다른 유리관으로 분리해 낸 아까 그 실험이야."

"생각났어요! 유리 안에서 수소는 산소보다 2배 더 많이 나왔어요."

"그렇지! 정답이다. 수소가 산소보다 2배 더 많이 들어 있단다."

실험 15
공기와 산소 중 어느 쪽에서 더 잘 탈까요?

산소라고 적혀 있는 병을 들고서 팽대희 선생님은 두

사람에게 물었다.

"두 사람이 만든 양초를 잠시 빌려주겠니? 그것을 강렬하게 태워 볼 거야."

"여기요, 그런데 양초에서 강렬한 불꽃이 나올 수 있어요? 산소가 든 병과 관계가 있나요?"

"산소는 불을 강렬하게 태우는 효과를 가지고 있지. 공기 중에 태웠을 때와 비교해 보자."

"이것도 자유 연구 주제로 괜찮은가요?"

"불꽃이 어느 정도 커졌는지 사진이나 스케치로 나타낼 수 있다면 아주 훌륭한 연구란다."

"지우야, 어서 사진 찍어."

"일단 평소의 상태를 찍어 놓자."

팽대희 선생님이 양초에 불을 켰다. 공기 중에서 평소처럼 타는 모습을 지우가 카메라에 담았다.

"찍었어요. 이제 산소 차례네요?"

"뚜껑을 열어 양초에 갖다 대면 알 수 있겠지? 얼른 해 볼까?"

병뚜껑을 열고 양초를 가져가자 불이 뚜렷하게 커졌다. 강렬한 빛이 실험실을 비췄다.

지우는 그 모습을 놓치지 않고 카메라 셔터를 눌렀다.

"눈이 조금 부시긴 하지만 정말 예뻐."

"나는 조금 무서워. 불꽃이 너무 세 보여."

"공기 중에서 탈 때와 산소 중에서 탈 때, 확실히 다르네요."

"맞아, 산소 쪽이 불의 기세가 훨씬 강하지."

우리는 이 새로운 물질에 대해 약간의 지식을 얻을 수 있었습니다. 양초의 연소 생성물인 산소에 대해 말입니다. 탐구심을 만족시키기 위해 이번에는 산소의 일반적 속성을 더욱 자세하게 알 수 있는 실험을 해 봅시다.

"이번에는 산소의 흐름을 약하게 해 보자. 그러면 어떻게 될까?"

"음, 불꽃이 약해지지 않을까요?"

"맞아! 실험을 통해 확인해 볼까?"

산소 병의 뚜껑을 닫아 산소의 흐름을 끊자, 양초의 불꽃은 평소의 세기로 돌아갔다.

"다시 작아졌어요."

"역시, 산소가 불꽃을 강렬하게 태웠던 거군요?"

"산소가 불꽃을 강렬하게 태웠다는 것이 증명된 셈이지."

이어서 팽대희 선생님은 쇠막대기를 준비했다. 선생님 팔뚝만 한 크기였다.

"크다……. 설마 이걸 태우는 거예요?"

"지우 너 바보야? 이런 쇠막대기가 어떻게 타니? 실험에 사용하는 도구죠?"

"이를 어쩐다……. 쇠는 공기 중에서 거의 타지 않지만, 이렇게 하면……."

선생님은 쇠막대기에 작은 나뭇조각을 붙인 다음 나뭇조각에 불을 붙였다. 그리고 이를 산소 병에 넣었다.

나뭇조각이 격렬하게 타오르더니 마침내 쇠막대기로 불이 옮겨붙었다.

"쇠가 타고 있어요!"

"하하, 산소가 계속되는 한 이 쇠도 계속 탄단다. 이렇게 산소는 뭐든 태울 수 있는 힘을 갖고 있지."

"힘이 엄청나네요……."

"조심해야 해."

지아와 지우는 고개를 강하게 끄덕였다.

"그런데 산소는 어떻게 만들 수 있을까?"

"좀전의 실험처럼 물에서 분리해서 만들면 될까요?"

"그것도 방법이야. 하지만 다량의 산소를 얻는 다른 방법들도 있단다."

이산화망가니즈라 불리는 물질이 있습니다. 검은빛을 내는 광물로 아주 유익한 물질입니다. 이산화망가니즈는 빨갛게 가열되면 산소를 만들어 냅니다. 또한 염소산칼륨이라 불리는 물질이 있습니다. 표백을 비롯해 화학 및 의료, 불꽃놀이 등 여러 목적으로 대량 생산되는 물질입니다. 이 염소산칼륨 조금과 이산화망가니즈를 섞어 봅시다. 이 두 가지를 함께 넣으면 훨씬 작은 열만으로도 산소가 나옵니다. 이산화망가니즈 대신 산화구리나 산화철을 사용해도 동일한 결과가 나옵니다.

"산소는 정말 다양한 방법으로 만들어지네요!"

실험 16
촛불은 왜 눈부실까요?

팽대희 선생님이 병에 든 산소를 유리병으로 옮겨 담았다.

"다음으로 알아볼 것은 역시 산소야."

"잘 타는 기체라는 건 알게 됐고, 또 무엇을 알아볼 거예요?"

"이번에는 무게란다. 수소는 풍선을 날게 할 정도로 가벼웠는데 과연 산소는 어떨까?"

"제 생각에는 무거울 것 같아요."

"네가 어떻게 알아?"

"그거야, 지금 선생님이 유리병을 산소 병보다도 아래에

두었으니까."

"아하하, 들켜버렸네. 맞아, 산소는 공기보다 무겁단다."

"뭐야, 지우. 너 알고 있던 게 아니네."

"하지만 이렇게 관찰하는 게 중요하잖아요. 그렇죠? 팽대희 선생님?"

"맞아, 실험이나 관찰을 할 때 '위치'가 매우 중요하다는 것을 알게 되었을 거야. 이 점을 유념하면서 실험해 보자."

팽대희 선생님은 책상 위에 세워둔 양초 한 자루에 산소를 넣은 유리병을 씌웠다.

"양초와 산소의 관계를 실험으로 확인하는 거야."

불이 붙은 양초는 산소와 반응해 격렬하게 타고 있었다.

"이 유리 안에서 물방울이 만들어지고 있어."

그런데 이런 격렬한 작용 속에서도 양초가 공기 중에서 탈 때 발생하는 물질 이외의 다른 물질은 생기지 않습니다. 즉, 양초를 다른 기체에서 태우든 공기 중에서 태우든, 나오는 물질은 변함없이 물입니다. 현상은 완전히 똑같다는 말입니다.

"정말이네요. 공기 중에서 태울 때와 똑같이 물방울이 생겼네요."
"그런데 이 양초의 눈 부신 빛을 어딘가에서 본 것 같아요."
"지우는 예리하구나. 이건 앞의 실험에서 수소와 산소가 결합해 물을 만들 때와 비슷한 빛이란다."
"산소로 채운 병 안에서도 양초가 타면, 수소와 산소가 결합하나요?"
"확인하기 위해 실험을 해 보자."
팽대희 선생님이 선반에서 액체와 빨대를 꺼냈다.
"……?"
두 사람은 빨대가 나오리라고는 미처 생각 못 했다. 두 사람이 당황한 사이, 선생님은 빨대를 이용해 비눗방울을 만들었다.

"엥? 이것도 실험이에요?"

"노는 게 아니고요?"

"단순한 놀이가 아니란다."

여기에 비눗방울이 한 개 만들어졌습니다. 이것을 제 손바닥 위에 놓겠습니다. 혹시 여러분은 제가 이상한 짓을 한다고 생각할지도 모릅니다. 하지만 이는 떠도는 말에 의지하지 않고 사실에 의지해야 한다는 것을 여러분에게 전하기 위해서입니다.

팽대희 선생님은 작은 펌프를 이용해 다시금 비눗방울을 만들었다. 비눗방울은 이내 폭발했고, 두 사람은 깜짝 놀랐다.

"놀랐니? 이건 수소와 산소의 양을 물과 똑같이 2:1로 혼합한 기체로 만든 비눗방울이야. 비눗방울 속에서 물이 되었기 때문에 그 에너지로 폭발하듯 터진 거란다."

"단순한 비눗방울이라 생각했는데, 깜짝 놀랐어요."

"물이 생길 때 엄청난 힘이 나오네요?"

"너희가 본 대로 수소와 산소는 강력한 힘으로 급격하게 결합하지."

"서로를 발견하면 물이 되려고 하는군요!"

"다시 양초 이야기로 돌아가 볼까? 양초는 탈 때 공기 중의 산소를 붙잡는단다."

팽대희 선생님은 양초에 불을 붙였다. 두 사람은 몇 번이나 본, 별로 특별할 것 없는 공기 중에서의 연소였다.

"이 불은 공기 중의 산소를 찾아다니지."

"항상 보던 양초의 불이 그런 행동을 하고 있었다니, 몰랐어요."

"그러게, 저도 전혀 몰랐어요."

"공기 중에 수증기가 있는 것은 알고 있지? 공기 중에서도 수소와 산소는 붙어 있단다."

"맞다, 수증기! 잊고 있었어요."

"내일은 공기의 성질에 대해 좀 더 살펴보도록 하자."

실험을 끝내고

실험의 끝과 동시에 네 번째 석양이 찾아왔다.

"이제 갈 시간이구나. 양초를 태우는 물질의 정체를 이제 알겠지?"

"산소가 크게 연관되어 있다는 사실을 알게 되었어요."

"산소는 생물에게 굉장히 중요한 물질이야. 이것을 알아보는 것만으로도 좋은 자유 연구 주제가 될 거야."

"예를 들면 어떻게요?"

"식물의 광합성을 알아보는 것도 좋겠지?"

"그러고 보니 과학 수업 때 식물에 대해서도 배웠어요."

"왜 과학에서 식물을 배울까? 그건 식물에게 배우는 것도 많기 때문이란다."

"앞으로는 식물도 잘 살펴봐야겠어요."

벽시계가 울렸다. 곧 저녁 식사 시간이다.

"어이쿠, 늦겠다. 조심해서 가렴."

"또 올게요. 앞으로가 기대돼요!"

"지우 너도 이 연구가 완전히 마음에 든 모양이네. 집에 가서 또 양초 만들자."

"다음에는 지아보다 멋진 양초를 만들 거야!"

"의욕이 넘치는 모습을 보니 선생님은 기쁘구나."

"과학이 좋아졌어요. 어른이 되어서도 연구하고 싶어요!"

"오호, 지아는 연구원이 되고 싶니?"

"아직 잘 모르겠지만……, 연구는 멋있는 일 같아요."

"너무 급하게 생각하지 않아도 된단다. 패러데이는 본격적인 과학 강의를 19살이 되어서야 들었단다. 그때까지는 혼자서 책을 읽거나 책에 나와 있는 실험만 했기 때문에 연구를 할 수는 없었지. 먹고 사는 문제만으로도 벅찼으니까. 그런 상황에서도 포기하지 않고 과학자가 되기까지 많은 애를 썼단다."

"19살이요? 패러데이는 연구를 늦게 시작했네요?"

"그런 셈이지. 하지만 열정이 있다면, 나이는 중요하지 않단다."

4장 실험 노트

* 물을 구성하는 성분 중 나머지 하나의 정체는 산소입니다.
* 수소와 산소는 2:1 비율로 결합합니다.
* 산소는 뭐든 태울 수 있는 힘을 갖고 있습니다.
* 수소와 산소가 결합해 물이 될 때는 강력한 힘이 발생합니다.

공기는 눈에 안 보일까요?

연구소 마당에서 두 사람은 선생님과 함께 심호흡을 하고 있었다.

"들이마시고, 내쉬고."

"이거 체조 같아요."

"공기가 들어왔다 나가는 게 잘 느껴지네요."

지우는 깊게 숨을 들이마시고 크게 내뱉었다.

"이렇듯 공기는 아주 일상적인 거란다. 자, 실험실로 돌아가서 공기에 대해 더 이야기해 보자."

선생님과 함께 두 사람은 익숙한 실험실로 향했다.

"우린 잠시 연구소 밖으로 나가 봤지만, 패러데이는 여러 나라를 여행하며 돌아다녔단다. 패러데이가 활약하던 시대에는 연구소가 적었기 때문에 실험을 할 수 있는 장소는 굉장히 소중했었지. 그래서 패러데이는 여러 선생님들의 조수를 자처하며 실험 여행을 했단다."

"패러데이 이야기하니까 말이 또 빨라지네요. 진짜 좋아하시나 봐요."

지아는 진절머리를 냈다.

"실험 여행이라……. 얼마나 좋을까? 그런 삶도 멋있는 것 같아."

"지우 너 여행 좋아했었어?"

"응, 나는 크면 어딘가로 여행을 떠나고 싶어."

"……처음 알았어."

"지금도 연구자들은 새로운 발견을 찾아 세계 각지를 여행하고 있단다."

"정말이에요? 과학은 실험실에서 하는 거로만 생각했어요. 세계를 돌아다니기도 하는군요? 멋지다. 아무도 모르는 식물이나 광물이 있을 수도 있겠지?"

지우는 눈을 반짝였다.

"이렇게 들뜬 지우 모습 처음 보는 거 같아."

"여행이잖아. 게다가 새로운 발견이 세상을 바꿀지도 모르고."

"실제로 패러데이는 여행을 통해 다양한 발견을 했고, 세상을 바꿨다고도 할 수 있지. 실험은 세상의 관점을 바꾼단다!"

"세상의 관점……. 네, 저도 조금은 알 것 같아요."

실험 17
산소를 눈에 보이는 형태로 관찰해요!

실험실로 돌아오니 선생님이 준비한 병이 하나 있었다.

"이 병에는 실험용 가스가 들어 있어. 산화질소라는 기체지. 이것을 사용한단다."

팽대희 선생님은 실험용 가스가 든 병과 또 하나의 병을 투명한 상자에 담았다. 그리고 뚜껑을 닫고 두 사람에게 물었다.

"실험용 가스가 든 병이 아닌 다른 병 속 기체는 우리가 평소에 접하는 보통의 공기란다. 양초의 불을 태울 수 있는 그 공기. 그럼, 이 두 가지를 섞으면 어떻게 될까?"

"모르겠어요. 어떻게 돼요?"

"상자 안을 보렴."

두 병의 뚜껑을 열자 공기와 가스가 뒤섞였다. 그러자 투명한 상자 속의 기체가 옅은 적갈색이 되었다.

"색이 바뀌었어요!"

"이 실험은, 산화질소가 공기 중의 산소와 결합해 적갈색이 되는 성질을 이용한 실험이란다. 이를 통해 공기 중에 산소가 있다는 사실을 알 수 있지."

"공기 중에 있는 산소가 양초의 불을 태우잖아요."

"맞아요, 이미 알고 있는 걸 왜 다시 확인한 거예요?"

"여기서 한층 더 실험을 진행할 거야. 일단 위의 두 가지 기체가 결합한다는 건 알았지?"

"실험은 때론 번거롭네요."

"하나하나 단계를 따라가는 것도 중요하단다."

팽대희 선생님은 병과 투명한 상자를 또 준비했다. 이번 병에는 산소라고 적힌 라벨이 붙어 있었다.

"여기에도 산화질소를 섞어 보자. 조금 전처럼 색이 변할 거야."

 이번에도 두 기체는 섞이며 적갈색이 되었다.

 "어? 좀 이상해요."

 지아가 조금 전 실험과 비교하며 차이점을 발견했다.

 "색조가 달라요. 공기와 섞였을 때는 옅은 색이었는데 산소와 섞이니까 색이 더 짙어졌어요."

 "왜 차이가 나는 걸까? 무슨 일이 생긴 거지?"

 "관찰하는 자세가 제법인걸? 답은 산소의 농도란다. 산소의 농도가 높을수록 더욱 진하게 결합하거든. 즉, 우리는 공기 중에 산소 이외의 물질이 있다는 사실을 알 수 있지."

 "음, 산소 이외에 어떤 물질

이 있을까요?"

"다양한 기체가 섞여 있지만, 그중 가장 많은 것을 소개해 줄게."

이는 공기를 두 가지 구성성분으로 구분하는 방법 중 하나입니다. 한 성분은 물질을 태울 수 있는 산소이고, 나머지 한 성분은 물질을 태우지 않는 기체인 질소입니다.

"바로 질소란다. 이 물질은 산소와는 다르게 '양초의 불을 태우지 못하는' 기체란다."
"수소도 태웠는데, 질소는 아무것도 못 태우는구나."
"혹시 공기 중에 질소가 많이 있어서 양초의 불이 산소 때처럼 크게 안 타오르는 거예요?"
"그렇지, 공기 중에는 보통 질소가 많이 포함되어 있어서 산소가 그다지 강하게 활동할 수 없어."
"와, 태우는 성분과 태우지 않는 성분이 함께 들어 있는 거네요?"
"맞아, 질소에 대해 패러데이는 이렇게 소개했단다."

일반적인 상태라면 그 어떤 물질도 질소 안에서 타지 못합니다. 또한 질소는 냄새도 맛도 없습니다. 그리고 물에 거의 안 녹습니다. 산성이나 알칼리성도 띠지 않고, 인간의 감각 기관에 아무런 자극도 주지 않습니다. 이런 물질은 좀처럼 찾아보기 어렵습니다. 여러분은 이렇게 생각할 수도 있습니다. '그런 물질은 과학적인 가치가 없다.' '질소가 하는 일이 도대체 뭐야?'

"단지 공기 중에 있을 뿐이군요. 그런 취급을 받다니, 질소가 불쌍해요."
"하지만 질소는 단지 공기 중에 있는 것만으로도 충분하단다."

실험 18

공기의 무게를 잴 수 있다고요?

팽대희 선생님은 체중계를 꺼냈다. 두 사람은 고개를 갸웃거렸다.

"질소의 정체를 밝히기 전에, 우선 몸무게를 재 볼까?"

"네? 여기서 몸무게를 잰다고요? 제 몸무게로 뭐 하려고요?"

"지아, 왜 이렇게 예민해? 걱정돼?"

"뭐래, 그런 거 아니거든?"

"하하, 농담이야 농담. 정확하게는 이것을 사용할 거야."

선생님은 저울과 구리로 된 병을 선반에서 꺼냈다. 그리고 병에 부착되어 있는 꼭지를 꽉 닫았다.

"이 병은 밀폐가 되도록 만들어져 있어. 이 꼭지를 닫으면 공기가 도망가지 않게 되지."

"이 병 속에 공기를 넣고 저울로 무게를 재는 거예요?"

"그러면 병의 무게도 들어가잖아요."

"설마 병의 무게가 들어가지 않도록 저울을 설계한 건가요?"

"빙고! 그럼 남은 문제는 이 안에 질소나 산소를 넣는 방법인데……."

팽대희 선생님이 큰 펌프를 꺼냈다.

"이건 공기를 넣을 수 있는 장치란다."

"신기해요. 옛날 사람들은 이렇게 하면서까지 공기를 조사하고 싶어 했군요?"

"공기를 조사하는 게 참 어려웠나 봐."

"자, 공기를 넣어볼 테니 잘 보렴."

팽대희 선생님은 펌프를 20번 움직여 공기를 넣었다.

보세요, 제가 구리 병에 억지로 밀어 넣은 펌프 20회분의 공기가 여기에 있습니다. 그러나 이 정도 양의 공기는 너무 적어서 별로 실감이 안 날 수도 있습니다. 그래서 더 큰 부피의 공기를 재봤더니 쌓이고 쌓여 놀라운 숫자가 되었습니다. 저울로 잰 무게는……

"패러데이는 이 방법으로 1세제곱피트(약 28.3ℓ)의 공기 무게가 1.2온스(약 34g)임을 확인하였지! 그 계산식으로 계산하면 이 방에 있는 공기의 무게는 대략 1,000 kg, 즉 1t이 된단다."

"네? 공기가 그렇게 무거운 거

예요?"

"우리는 항상 공기와 함께 생활하니까 못 느끼는 거지."

"이 무게는 장소에 따라 달라진단다. 높은 산에 오르면 공기를 느끼는 방식이 달라져."

"높은 산이요? 저도 언젠가 가보고 싶네요."

"지우 너는 여행 생각만 하네?"

"이토록 엄청난 존재감을 가진 공기는 당연히 우리 삶에도 커다란 영향을 미친단다."

이렇게 공기의 존재감은 엄청납니다. 공기에 포함된 산소나 질소의 중요성은 말할 필요조차 없고요. 공기는 이처럼 큰 존재감으로, 다양한 물질을 이곳저곳으로 이동시킵니다. 나쁜 공기를 해로운 장소에서 이로운 장소로 이동시키는 중요한 역할을 수행합니다.

"나쁜 공기가 있기 때문에 창문을 열어 환기를 시키는 거구나."

"공기는 닫힌 공간 안에 가만히 있으면 그렇게 된단다. 조금 전 봤던 밀폐된 병처럼 말이지."

"공기는 여러 물질을 운반하며 우리 생활에 도움을 주고 있군요!"

"맞아, 특히 그 안에 있는 질소는 다양한 작용을 한단다."

"조금 전, 질소는 거기에 있는 것만으로 충분하다고 했잖아요."

"그래, 거기에 있다는 것이 중요하단다. 예를 들어 양초에 붙은 불은 산소가 있는 한 계속 타지만 공기 중에 놓여 있는 양초의 불은 조금만 방심해도 꺼지지."

"후 불면 꺼지죠."

"그래, 그건 질소의 힘에 의해서란다. 공기 중에는 많은 질소가 있어서 그것이 계속 타고 있는 산소를 날려버려 불을 꺼 버리는 거지."

"꺼지지 않고 계속 타면 곤란하죠."

"질소는 공기의 70% 정도를 차지해. 즉, 실험실 안에 있는 공기의 70%는 질소라는 거지."

> 실험 19

손을 사용하지 않고 달걀을 들어 올릴 수 있을까요?

"이번에는 공기의 무게를 이용해 간단한 게임을 해 보자."

"게임이요? 무슨 게임이요?"

"지우 너 게임이라니까 엄청 흥미를 보이네? 나도 궁금하긴 하다."

"여러 가지가 있으니까 순서대로 소개해 줄게. 일단 컵을 사용한 첫 번째 게임!"

선생님은 컵 한 잔에 물을 담아 두 사람 앞에 놓았다.

"이 컵의 물을 쏟지 않고 거꾸로 드는 게임이다."

"에이, 그건 불가능하잖아요!"

"지우, 뭔가 방법이 있으니까 선생님이 말하지 않았을까? 그런데 정말로 가능할까?"

"빳빳한 종이 한 장을 컵 위에 얹고 거꾸로 들어보면 알 수 있단다."

지우가 반신반의하며 시도해 봤다. 정말로 컵의 물은 쏟아지지 않았다.

"어, 어떻게 된 거지?"

"혹시 모세관 현상과 관계가 있는 거예요?"

"맞아, 앞에서 실험했던 모세관 현상과 관련이 있단다. 컵 둘레에 작용하는 모세관 인력이 컵 속으로 공기가 들어가는 걸 막는 거란다."

"하지만 힘을 얻는다고 해도 밑에는 공기잖아요."

지우는 거꾸로 뒤집은 컵에서 물이 쏟아지지 않는 모습이 신기했다.

"그건 공기의 무게와 관계가 있단다. 공기가 더 무겁기 때문에 공기의 압력이 작용하면서 물이 쏟아지지 않는 것이지."

"공기는 정말 무겁군요!"

"눈에는 안 보여도 말이죠."

"자, 그럼 다음 게임. 이번엔 폐의 힘을 빌릴 거야."

선생님은 슈퍼에서 산 듯한 달걀과 달걀이 꼭 맞는 컵 두 개를 준비했다. 한쪽 컵에 달걀을 올려놓고 그 옆에 다른 컵을 두었다. 그리고 선생님은 힘껏 숨을 들이마셨다.

"뭘 하시려는 걸까?"

"게임이라고 했으니까 달걀을 어떻게든 하겠지?"

두 사람이 이야기를 주고받는 사이 선생님이 컵 아래쪽으로 힘차게 입김을 불었다. 그러자 달걀이 솟아올랐다.

솟아오른 달걀은 빙그르르 돌며 옆에 있던 컵으로 쏙 들어갔다.

"와, 들어갔어. 굉장해!"

"이렇게, 손을 사용하지 않고 달걀을 이동시키는 게임이란다."

"혹시라도 달걀이 바닥에 떨어지면 난리가 날 텐데요?"

"그럴 경우를 대비해 삶은 달걀을 준비했단다."

선생님은 책상에 콩콩 두드려 달걀 속을 보였다. 노릇하

게 삶아진 달걀이 속살을 드러냈다.

"역시, 선생님은 그런 것까지 다 대비했네요!"

"앞선 게임에서 알 수 있듯이 공기의 힘은 굉장히 세단다. 한 가지 더, 장난감 총을 만드는 방법도 소개해 줄게."

장난감 총은 새의 깃대나 빨대처럼 속이 빈 관으로 아주 간단하게 만들 수 있습니다. 얇게 썬 감자나 사과를 속이 빈 관으로 찍습니다. 이렇게 구멍에 꼭 맞는 조각을 만든 다음 관의 한쪽 끝을 막습니다. 다시 한 조각을 찍어서 반대편도 막습니다. 이렇게 하면 관 속의 공기가 밀폐됩니다!

"자, 이제 한쪽 조각을 밀어 넣으면……."
풍, 하고 소리가 나면서 반대편 조각이 총알처럼 날아갔다.
"음, 어떤 원리로 이렇게 날아가는 거지?"
"몰라, 근데 재미있겠다. 저도 해 볼래요."
"좋아, 하지만 그 전에 두 개를 동시에 밀어 넣어 보렴."
팽대희 선생님은 종이로 만든 총알을 넣은 관을 지우에

게 건넸다. 양쪽의 총알을 밀어 넣어 봤지만 아무 일도 일어나지 않았다.

"뻑뻑해요."

"여기서 알 수 있는 사실은 설령 공기를 가두고 압축시킨다 해도 일정 부분에서 멈춰버린다는 거지.

"공기가 압축되기도 해요?"

"공기가 강하게 압축되었다가 원래의 모습으로 돌아오는 과정에서 한쪽 총알이 날아가는 거란다. 두 사람 모두 발을 움츠렸다가 편 경험 있지?"

"네, 있어요. 힘차게 펴면 기분이 좋아져요."

"공기도 마찬가지란다."

실험 20
이산화탄소를 모아 봐요!

"이번에는 산소와 크게 관련이 있는 이산화탄소에 관해 이야기해 보자."

"이산화탄소도 자주 들어봤어요. 호흡과 관계가 있었던

것 같은데?"

"광합성과도 관계가 있다고 어딘가에서 봤었어."

"맞아, 사람은 호흡할 때 이산화탄소를 내뱉는단다. 광합성에도 이산화탄소가 필요하고."

"역시 일상적인 거네요. 산소와는 어떤 관련이 있는 거예요?"

"다시 양초로 돌아가 보자. 평소대로 불을 붙일게."

선생님이 양초에 불을 붙이자 불은 공기 중의 산소와 반응하며 타올랐다.

"익숙한 광경이네요."

"지금까지 배운 걸 복습해 볼까?"

이제 우리가 계속 다루어야 할 아주 중요한 주제로 돌아가 보겠습니다. 자, 이를 위해 다시 떠올려 보세요. 양초를 세 가지 상태에서 연소하며 조사한 것. 거기서 다양한 물질이 생성되는 것을 관찰한 것. 거기서 나온 물질은 그을음과 물, 그리고 그 밖의 물질이었습니다. 물은 모을 수 있었지만 다른 것은 공중으로 날아가 버렸습니다. 이번에는 날아간 그 물질들에 관해 조사해 봅시다.

이야기를 끝낸 팽대희 선생님은 양초에 통을 씌웠다. 통은 유리로 되어 있고 위가 뚫려 있었다. 양초 밑에는 작은 받침대와 망을 두고 위아래로 공기가 흐르도록 해 놓았다.

"공기의 흐름이 있으니까 언제까지고 계속 타겠네요?"

"양초 주변에 물이 생겼어요. 이것도 잘 알고 있죠."

"두 사람 모두 양초에 대해서는 이제 잘 아는구나. 하지만 아직 이야기 안 한 게 있단다."

그렇게 말하며 선생님은 통 위쪽 입구에 불을 가져갔다. 그러자 불이 꺼져버렸다.

"자, 무엇이 불을 껐을까?"

"질소 때문인가? 질소 때문에 후 불면 불이 꺼진다고 배웠잖아."

"하지만 우린 아무것도 안 했잖아. 도대체 왜 불이 꺼진 거지?"

"질소 이외의 무언가가 나왔을지도 몰라."

"설마 이산화탄소인가?"

"정체를 한번 밝혀 볼까?"

선생님은 통의 위쪽 입구에 빈 병의 입구를 갖다 대고 양초에서 나온 기체를 모았다. 그리고 선반에서 '석회수'라고 적힌 병을 꺼냈다.

"양초에서 나온 이 기체에, 물을 타서 묽게 한 석회수를 넣어 보자."

그러자 기체가 들어 있던 병 속에 불투명한 흰색 액체가 생겼다. 두 사람은 원래의 석회수보다도 탁하게 변해가는 액체를 가만히 관찰했다.

"자, 왜 이런 변화가 생겼을까? 확인해 보자."

선생님은 비어 있는 다른 병에 마찬가지로 석회수를 넣어 봤다. 아무런 변화도 일어나지 않고 투명한 모습 그대로였다.

"여기서 무엇을 알 수 있을까?"

"석회수를 양초에서 나온 기체에 넣으니 불투명한 흰색으로 변했다? 이유가 뭐지?"

"석회수에 변화를 일으킨 건 산소도 아니고 질소도 아니고 물도 아닌, 그 이외의 어떤 물질이라는 말이지."

"모르겠어요! 이 수수께끼 물질은 뭐예요?"

"하하, 이쯤에서 답을 말해 줄게. 처음에 이야기를 꺼낸 이산화탄소가 석회수를 탁하게 만든 거란다."

"불을 끈 거로 보아 타지는 않는 것 같고."

"석회수를 만나 색을 탁하게 하고……. 이산화탄소는 또 어떤 특징이 있나요?"

"산소와 질소의 무게가 달랐던 거 기억하니? 이산화탄소는 훨씬 무겁단다."

"질소보다도 무겁다고요?"

"그래, 질소보다도 훨씬 무겁지."

"앞서 했던 방법으로 무게를 재면 확인할 수 있겠네요!"

"좋은 접근이야. 하지만 이번엔 조금 다른 방법으로 이산화탄소의 무게를 실험해 보자. 이 병에 비눗방울을 떨어뜨려 보렴."

선생님의 말에 따라 두 사람은 비눗방울을 만들어 병에 떨어뜨렸다. 그런데 비눗방울은 이산화탄소가 들어 있는 병 속에 뜬 채로 떨어지지 않았다.

"이산화탄소가 무겁다는 게 증명됐네요!"

"양초에서 나온 무거운 기체는 질소도 아니고 산소도 아닌, 이산화탄소였네요!"

"그렇지, 양초에서 얻는 방법보다 훨씬 간편하게 이산화탄소를 얻는 방법도 있단다."

"어떤 방법이죠?"

"우리가 호흡할 때, 숨을 들이마시고 내 쉬잖아. 이때 우린 이산화탄소를 내뱉는단다. 이를 병 속에 모으면 간편하게 얻을 수 있지!"

실험을 끝내고

오늘도 노을은 어김없었고, 하늘엔 까마귀가 울었다.

"이제 집에 갈 시간이에요."

"매번 한창 재미있는 부분에서 이야기가 끊어지네요."

"아직 못다 한 이야기가 남아 있으니 너무 아쉬워하지 않아도 된단다."

"얼마나 남아 있어요?"

"자유 연구 주제로 사용할 만한 실험도 여전히 있죠?"

"물론이지. 하지만 패러데이의 강연은 총 6일간이었단다. 나도 그 내용을 따라 이야기하고 있으니 이 책의 내용을 따라가는 건 다음이 마지막이겠구나."

"엥? 벌써 5일이나 들었다고요?"

"지아, 우리가 얼마나 많은 실험을 했는데."

"그렇구나. 패러데이에게도, 선생님에게도 참 여러 가지를 배웠네요."

"소감을 말하긴 이르단다. 아직 하루가 남았잖니."

"알겠어요. 내일 이야기도 기대할게요!"

"어? 내일 실험이 끝나면 우린 어떻게 되는 거야?"

"어떻게 되긴 뭐가, 이제 자유 연구 숙제를 해야지!"

"맞네, 그것 때문에 우리가 여기에 왔었지."

"내가 알려준 것은 과학의 아주 일부분이란다. 이후에도 직접 실험하며 다양한 발견을 해 보렴. 패러데이는 일에 쫓겨 실험할 시간이 없었던 때가 있었단다. 그땐 아마도 힘들었겠지. 좋아하는 실험을 할 수 없다는 건 견딜 수가 없는 일이거든."

"선생님은 또 패러데이 이야기네요."

"익숙해질 때도 되지 않았니……? 뭐 괜찮아. 패러데이 이야기도 아직 많으니까.

이런 장치를 제가 왜 소개하고 있는지 여러분은 그 이유를 알고 싶을 겁니다. 제가 대규모로 실시한 실험을 여러분이 후에 소규모로도 시도할 수 있음을 느끼게 해 주고 싶기 때문입니다. 여러분이 나중에 소규모로 시도했을 때에도 결과는 마찬가지일 겁니다.

"같은 조건을 만들면 결과는 언제나 똑같아. 이것이 실험이 매력적인 이유지."
선생님은 거기까지 말하고는 책을 덮었다.
"오늘은 진짜로 여기까지! 드디어 내일이면 6일째구나."
팽대희 선생님의 마지막 말이 두 사람은 어쩐지 신경 쓰였다.

5장 실험 노트

* 공기에는 다양한 기체가 섞여있습니다. 그 중 가장 많은 것은 질소입니다.
* 질소는 산소와는 다르게 양초의 불을 태우지 못하는 기체입니다.
* 공기의 무게와 존재감은 엄청납니다. 하지만 항상 함께 생활하는 우리는 체감하지 못합니다.
* 양초가 연소하며 생성한 물질에는 이산화탄소도 있습니다.

6

촛불은 어디서 와서 어디로 갈까요?

6일째, 패러데이가 했던 강연의 마지막 날이었다.
"촛불의 과학, 마지막 이야기를 시작할게."
"드디어 그 책의 마지막까지 왔네요."
책상 위에 준비된 실험 기구를 보며 지우가 중얼거렸다.
"역시…… 마지막까지 양초가 나올 건가 봐."
"지금까지의 흐름을 보면 역시 그럴 것 같아."
"너도 그래? 나도 그래."
"하하, 정답. 마지막까지 양초와 함께해 줄 거지?"

우리가 다다를 수 있는 길은 물질에 대한 일반적인 자연과

학, 그 하나뿐입니다.

"이건 자랑인데, 이 양초를 보렴."

팽대희 선생님은 오동나무 상자에 들어 있던 잘 손질된 양초를 소중히 꺼냈다.

"모양이 예쁘네요, 멋져요!"

"내 눈에도 그렇게 보여. 비쌀 것 같다."

"이건 패러데이가 강연에서 어떤 부인에게 받았다고 말한 양초 두 자루 중 하나란다. 호화로운 장식으로 보아 귀중품이었을 것 같아. 패러데이는 이 양초에 구멍이 뚫린 심지가 있는 게 특징이라고 하면서 강의를······."

"또 패러데이 이야기야. 선생님은 패러데이 이야기를 할 때마다 말이 빨라진다니깐."

"선생님을 완전히 파악했네."

"6일째잖아."

"시간 참 빠르다, 그렇지?"

"아, 맞다. 저 선생님께 묻고 싶은 게 있어요."

지아가 손을 들어 질문하자 팽대희 선생님은 이야기를 중단하고 몸을 돌렸다.

"그래, 뭐가 궁금하니? 내가 대답할 수 있는 거면 뭐든 알려 줄게."

"팽대희 선생님은 대체 어떤 사람이에요? 생각해 보니 저희는 선생님에 대해 아무것도 몰라요."

"그건…… 으흠. 잠시만 비밀로 해 두자."

실험 21
고체가 기체로 변할 수 있다고요?

선생님이 불이 붙은 양초를 산소가 든 병에 넣었다. 그러자 불꽃이 커졌다. 그런 다음, 이번에는 불이 붙은 양초를 일반 공기만 들어 있는 병에 넣었다. 잠시 후, 공기뿐이던 병 속이 검은 연기로 매캐해졌다.

"눈치챘니? 양초는 타는 상태가 나쁘면 검은 연기를 내뿜고, 타는 상태가 좋으면 연기를 내뿜지 않는단다."

"진짜 그러네요. 공기의 흐름이 나쁜 곳에 두면 안 되겠네요?"

"별로 건강에 안 좋을 것 같아."

"검은 연기의 정체를 확인해 보면 알겠지? 그 전에 어제의 복습!"

 우리는 양초가 탈 때, 이산화탄소가 나오는 것을 확인했습니다. 하지만 특유의 화학적 성질까지 충분히 다루진 못했습니다. 그래서 이번에는 이산화탄소에 대해 조금 더 자세히 이야기하겠습니다.

 "이산화탄소가 어떤 물질인지 아직은 잘 모를 거야."
 "어제 배웠던, 양초나 사람의 입에서 나온다는 거랑 무겁다는 것밖에 몰라요."
 "잘 보렴, 관찰을 계속해 보자."
 선생님은 재차 양초에 불을 붙였다. 양초를 산소 병에 넣자 눈 부신 빛을 내뿜었다.
 "여기서 타닥거리며 반짝이는 물질이 무엇인지 설명했었지?"
 "네, 탄소 맞죠?"
 "탄소 알갱이가 타면서 반짝이는 거죠?"
 "그대로 공기 중으로 날아가네요? 기체가 된 거예요?"
 "기체가 되면 두 사람의 눈에 보인단다. 그게 바로 검은 연기지."

"검은 연기의 정체는 그러면……."

"그 역시 탄소란다. 충분한 산소나 공기 중에서 타면 이산화탄소로 바뀌지."

"불이 있으면 탄소가 이산화탄소가 되네요? 어떤 관계가 있는 거예요?"

"패러데이는 이렇게 말했단다."

탄소는 산소나 공기 중에서 타면 이산화탄소가 됩니다. 하지만 제대로 타지 않으면 알갱이 형태의 탄소가 되어 공기 중으로 배출됩니다. 바로 그을음입니다. 산소가 충분하면 이 그을음은 불꽃에 타며 반짝입니

다. 산소가 부족하면 엄청난 양이 몽게몽게 피어오르게 됩니다.

"불이 어떻게 타는지에 따라 탄소의 모양이 바뀐단다."
"이와 관련된 실험을 한 가지 더 해 보자."
탄소라고 적힌 홀쭉한 병에 팽대희 선생님이 어떤 검은 물질을 넣었다.
"이건 숯이란다. 나무를 태워 만든 거지. 숯에 불을 붙여 태움으로써 탄소와 산소를 결합해 보자. 다른 곳에서 태운 숯을 사용해 불을 붙일 거야. 자, 보렴."
선생님은 붉게 달구어진 숯을 집게로 집어 홀쭉한 병 속에 넣었다. 숯은 여러 갈래의 불꽃을 내며 반짝이고 있었다.
"어, 하나의 불꽃이 타오를 줄 알았는데, 아니네요?"
"탄소는 이런 식으로 탄단다. 각각의 알갱이가 타기 때문이지."
"반짝반짝해요!"
"여러 개의 작은 연소가 일어나기 때문에 알갱이 하나하나가 반짝이고 있는 거지. 어쨌든 이렇게 이산화탄소는 생성된단다. 그리고 숯은……."

숯은 산소 속에서 잠시 타더니 이윽고 꺼졌다. 녹아버린 듯한 모습에 두 사람은 영문을 몰라 고개를 갸웃거렸다.

"숯은 공기 중에 녹아 버렸어. 혼합물이 없는 순수한 탄소는 전부 녹아 사라지지만 숯은 그렇지 않아서 잔여물이 조금 남았네."

검은 재가 유리 안에 남아 있었다.

"탄소는 고체 상태로 타다가 기체가 되어 날아간단다."

여기 흥미로운 사실이 있습니다. 탄소가 산소에 녹아들어도 산소의 부피는 변하지 않는다는 사실입니다. 처음 부피 그대로, 단지 산소가 이산화탄소로 바뀔 뿐입니다.

"왜일까? 이번에는 숯을 자세히 알아보자."

실험 22
주변에서 탄소를 찾아봐요!

실험에 사용한 병에서 공기 중으로 검은 연기가 날아갔다. 두 사람은 이 검은 연기가 탄소라는 사실을 팽대희 선생님 덕에 알게 됐다.

"이제는 탄소를 분해해 보자."

"물을 수소와 산소로 분해한 것처럼 탄소도 분해할 수 있군요?"

"그런 실험이 가능해요?"

"실은 아주 간단하단다."

사실 나뭇조각 속의 탄소를 볼 수 있는 실험이 주변에 있습니다. 장작을 일부분만 태우고 불을 껐을 때 남는 숯이 탄소입니다.

"패러데이가 이런 말을 했는데, 장작을 태운 경험이 있니?"

두 사람은 고개를 가로저었다.

"숯을 만드는 일은 당시에는 일반적이었지만 지금은……
그래, 바비큐 할 때 숯을 사지? 그게 탄소 덩어리란다."

"아빠가 불을 피우던 숯이 탄소였군요!"

"그 밖에 분필이나 연필에도 탄소가 포함되어 있어. 학교에서 자주 사용하는 물건이지? 분필에 염산을 부으면 이산화탄소가 발생한단다. 하지만 염산이 손이나 얼굴에 묻으면 크게 다칠 수 있으니 실험해 보고 싶으면 조심하도록 하렴."

"글을 쓰기 위해 사용하는 건 본 적이 있는데 탄소가 포함되어 있었군요?"

"종이나 칠판에 글 쓸 때 탄소가 포함된 도구는 편리하거든. 그리고……."

팽대희 선생님은 양초를 두 사람에게 보였다. 몇 번이나 실험에 사용한 양초였다.

"분필과 마찬가지로 양초에도 탄소가 포함되어 있단다."

"그건 기름으로 만들었잖아요."

"맞아요, 지아가 기름을 굳혀서 만든 건데요?"

"그렇지, 그 기름에 탄소가 포함된 거란다."
"그래서 양초에 불이 붙으면 밝게 빛난 거예요?"
"이산화탄소가 생긴 것도 그런 이유였군요!"
"패러데이도 탄소가 타는 모습을 상당히 신기해했었단다."

이런 특징을 나타내는 연료는 아주 드뭅니다. 실제로 이에 해당하는 연료 자원은 탄소계 물질, 즉 석탄과 숯과 목재 뿐입니다. 제가 아는 한 이런 상태로 연소하는 물질은 탄소밖에 없습니다.

"여기서 말한 이런 상태란, 고체 상태로만 타며 다 타고 나면 더 이상 고체가 아닌 상태를 말한다."
"처음에 양초를 관찰했을 때 그것을 확인했었죠."
"양초가 고체 상태로 타는 건 탄소의 힘 덕분이었던 거였고."
"그뿐 아니라 녹은 것도 탄소였으니까 가능한 거였고."
"그리고 이산화탄소가 되어 날아가는 것도 탄소니까 가능한 거지!"

다시 팽대희 선생님은 양초에 불을 붙였다. 평소와 다름없는 불을 지아와 지우는 가만히 바라보았다.

"이렇게 양초를 이해하고 보니 다르게 보여요."

"이제야 겨우 정체를 파악한 것 같아요."

"이렇게 관찰을 하면 진짜 양초를 알게 되지. 그래서 패러데이는 양초를 강연의 소재로 선택한 거란다."

"양초와 탄소, 둘 다 참 신기하네요."

"그런데 탄소의 활동은 이뿐만이 아니란다."

"그러면요?"

"실은 우리 몸속과도 연관이 있지. 뭘까? 전에도 말했는데."

"내쉬는 숨이 이산화탄소라는 그 얘기죠? 궁금해요!"

"자, 다음 실험에서 알아보자."

실험 23

양초의 불이 꺼지는 이유는 무엇일까요?

팽대희 선생님은 '후' 하고 숨을 내뱉어 양초의 불을

껐다.

"양초의 불에 숨을 내뱉으면 꺼진단다. 이건 앞에서도 설명했었지?"

"공기 중의 질소가 불을 끈 거죠?"

"실은 이것에도 이산화탄소가 관련되어 있단다. 어떤 구조일지 관찰해 보자."

"그러고 보니 숨을 내쉴 때 나오는 건 이산화탄소죠?"

"이산화탄소가 왜 몸에서 나오는 걸까?"

지금부터 아주 흥미로운 주제를 여러분에게 소개하겠습니다. 바로 양초의 연소와 우리의 몸속에서 일어나는 생체 연소의 관계입니다. 우리 인간의 몸속에서는 양초의 연소와 아주 비슷한 생체 연소가 일어나고 있습니다. 그것을 여기서 확인해 보겠습니다. 이는 단순히 시적인 의미로 인간의 생명을 양초에 비유하는 것이 아닙니다. 만일 여러분이 저를 따라와 준다면 제 말을 명확하게 이해할 수 있을 겁니다. 이해를 돕기 위해 저는 여러분 앞에서 금방 조립할 수 있는 간단한 장치를 만들었습니다.

"이번 실험은 촛불 끄기다."

선생님은 유리관을 양쪽 끝에 세워둔 나무판자 하나를 준비했다. 나무판자 사이에는 두 개의 유리관을 연결하는 통로가 있었다. 한쪽 유리관에는 불이 붙은 양초가 들어 있고, 다른 한쪽의 유리관에는 아무것도 들어 있지 않았다.

"이 촛불을 꺼 보자."

"어떻게 끄지?"

"후 불어볼까?"

"바로 그거야! 아무것도 안 들어 있는 유리관에 숨을 내뱉는 거지. 잘 보렴."

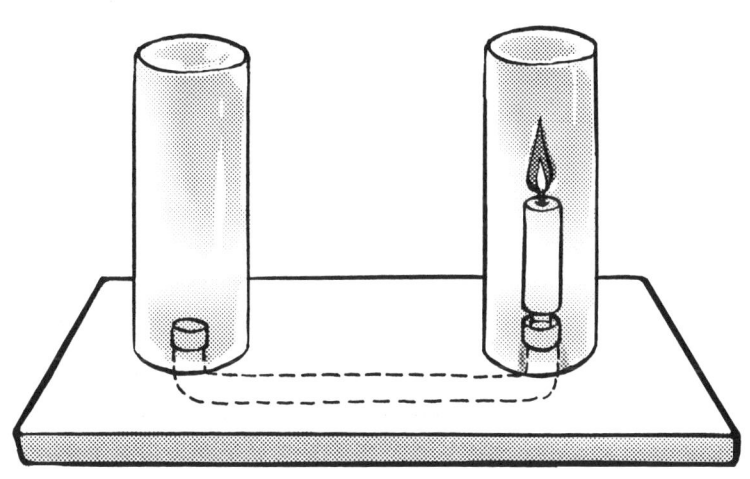

팽대희 선생님은 유리관 앞에서 숨을 들이마셨다가 내뱉었다. 그러자 통로로 이어진 또 하나의 유리관에서 불이 꺼졌다.

"어? 숨만으로 불이 꺼졌어요!"

"불은 강한 바람으로 꺼지는 줄 알았는데, 그게 아닌가 보네요?"

"내 호흡만으로 꺼진 거지."

"호흡은 숨을 들이마셨다가 내뱉는 거잖아요."

"맞아, 호흡은 산소를 들이마시고 이산화탄소를 내뱉는 거란다. 공기 중에 있던 산소를 들이마셨기 때문에 촛불이 타기 위한 산소가 사라져서 꺼진 거란다."

"고작 그것만으로도 산소가 없어지네요."

"인간의 폐는 양초와 마찬가지로 되어 있어. 산소를 빼앗아 연소하고 그 결과 생겨난 이산화탄소가 입으로 나오는 거지."

그 이야기를 들은 두 사람은 깜짝 놀랐다.

"아, 너희의 몸이 양초처럼 타고 있는 건 아니란다."

"뭐예요, 깜짝 놀랐잖아요!"

"하지만 비슷한 일이 일어나고 있다고 생각해도 돼."

인간은 음식을 먹습니다. 섭취한 음식물은 몸속의 기관을 거쳐서 전신의 여러 기관, 특히 소화기로 옮겨갑니다. 거기서 소화된 음식물은 혈관을 통해 폐로 이동하죠. 한편 우리가 들이마시고 내뱉는 공기 역시 다른 혈관을 통해 폐로 들어왔다가 외부로 나갑니다. 아주 얇은 막을 사이에 두고 공기와 음식물은 가까이 접촉합니다.

"몸에 들어온 공기는 혈액으로 운반돼. 그리고 산소를 이용해 생명 활동을 수행하며 이산화탄소 가스를 만들어 열을 발생시킨단다."

"열을 발생시켜요? 우리가 그런 활동을 하고 있구나!"

지우가 손뼉을 쳤다.

"마라톤 했을 때 많은 숨을 들이마시고 내쉬었더니 가슴이 뜨거워졌어요. 이게 혹시 그렇게 생긴 열인가요?"

"맞아, 몸속에서 산소가 격렬하게 반응하기 때문이지. 이 열이 바로 인간을 움직이는 에너지란다."

"양초와 우리의 몸이 똑같다니, 놀라운 일이네요!"

실험 24
산소와 이산화탄소의 순환을 알아봐요!

팽대희 선생님은 서서히 비치는 석양을 바라보며 두 사람에게 말했다.

"이제 마지막 실험이구나."

그렇게 말하는 선생님은 어항을 들고 있었고, 두 사람의 눈이 커졌다.

"마지막 실험이라 해서 뭔가 했더니."

"금붕어네요? 안에서 활기차게 헤엄치고 있어요!"

"우리가 사는 세상은 산소와 이산화탄소로 유지되고 있단다. 그것을 관찰하기 위해 생물을 준비했지. 패러데이는 금붕어 키우는 걸 좋아했어."

"혹시 패러데이도 금붕어를 데려왔어요?"

"맞아, 금붕어 귀엽지?"

"이 금붕어가 산소, 이산화탄소와 관계가 있어요?"

"그렇단다. 우리 인간을 포함해 지구에 있는 많은 생물은 어떠한 형태로든 호흡을 하고 있어. 물속에서 생활하고 있는 금붕어도 아가미를 이용해 산소를 마시고 이산화탄소를 내뱉고 있단다."

"그러고 보니 이산화탄소는 물에 녹았었죠?"

"물속에도 산소가 있어요? 그래서 물고기들이 살아 있는 거군요?"

"그래, 생물이 살아가는 데 산소는 필요하지……. 그런데 어째서 세상이 이산화탄소로 뒤덮이지 않을까?"

"혹시, 광합성?"

"맞아, 식물의 광합성 덕분이란다. 식물은 공기 중에서

이산화탄소를 들이마시고 산소를 내뱉고 있단다. 우리가 호흡하는 것과 반대로 말이지."

"서로 돕고 있네요!"

"나무와 꽃이 그런 역할을 하고 있었다니……."

"우리가 사는 세상은 다양한 과학으로 이루어져 있단다."

지구상에 존재하는 모든 생물은 서로서로 의지하며 살고 있습니다. 자신의 일부가 다른 존재에게 도움이 되는 법칙으로 서로 연결되어 있습니다.

"과학을 배우면 세상의 법칙을 알게 되지."

"세상의 법칙을 안다는 건 우리 자신들을 아는 것이기도 하고요!"

"이런 지구 환경의 순환을 깊게 연구하는 사람들도 있단다."

"하지만 그렇게 큰 이야기를 실험으로 알아보는 건 어려울 것 같아요."

"맞아요, 지구 전체를 어떻게 관찰해요?"

"실험도 관찰도 기본은 언제나 똑같단다."

여러분, 수업을 마치기 전에 한 가지 더 설명해 둘 것이 있습니다. 함께 살펴본 공생 관계 전반과 관련한 흥미롭고 멋진 사실입니다. 이 세상에는 다양한 물질이 다양한 상태로 존재하고 있습니다. 산소, 수소, 탄소 등이 우리 주변에서 서로 얽혀 깊은 관계를 맺는 모습을 보는 건 정말로 신기하고 즐거운 일입니다.

"화학 친화력이라는 것이 있어. 그것은 우리가 호흡을 할 때처럼 다른 부분의 물질이 서로를 끌어당기며 작용함으로써 생겨나지."

선반에서 실험 도구를 꺼내며 팽대희 선생님은 설명을 이어나갔다. 팽대희 선생님이 크게 호흡을 했다.

"방금 내 몸속에서 탄소와 산소가 만나 서로를 끌어당겼는데, 이것도 화학 친화력이란다. 내가 시험해 본 다양한 물질 간의 만남을 보여 줄게."

선생님은 여러 병을 책상에 늘어놓았다. 첫 번째로 꺼낸 병은 연필의 재료인 흑연 가루를 연료와 공기로 연소시킨

병이었다.

"이건 금방 탔지. 불이 붙은 흑연은 꺼질 때까지 계속 탄단다."

> ★ 석탄을 공기 없이 높은 열로 분해시켜 얻는 가스

두 번째로 꺼낸 병은 **석탄가스**★를 공기와 섞은 병이었다.

"석탄가스는 온도가 오를 때까지 불이 붙지 않는단다. 어떤 것은 온도를 약간만 올려도 불이 붙고 어떤 것은 상당히 높은 온도로 가열해야 불이 붙는단다."

> ★ 정제한 솜이나 기타 섬유소를 황산과 질산의 혼합액에 담가 만든 화약

세 번째로 꺼낸 병은 흑색 화약과 **솜화약**★이 담긴 병이었다.

"둘 다 타기 쉬운 물질이지. 철사의 온도를 조금씩 높여 갖다 대보면 솜화약이 흑색 화약보다 먼저 탄단다. 물질은 저마다 타는 온도가 다르다는 걸 확인할 수 있지. 이렇게 이것저것 조건을 바꿔보면 거대한 지구 환경이 차차 보이게 된단다. 연구 내용도 방법도 무한하게 있고."

"그리고 불을 사용할 때는 안전한 장소에서 어른과 함께 해야 하고요, 맞죠?"

"완벽해, 이젠 실험 주의사항도 확실하게 몸에 뱄구나."

실험을 끝내고

마지막 실험에 사용한 많은 도구를 정리하다 보니 평소보다 늦은 시간이 되었다. 밖은 완전히 어둠에 깔렸다.

"두 사람 모두 열심히 따라와 줬어."

"오늘 하루도 순식간에 지나갔네요."

"진짜 재미있었어요!"

두 사람이 미소 짓자 팽대희 선생님도 함께 웃었다.

"나는 과학이 참 좋단다. 그래서 많은 사람에게 과학을 알려 주고 있지."

"정말로 잘 가르쳐 주셨어요. 선생님도 학교나 학원에서 학생들을 가르쳐요?"

"아니, 나는 그저 세상 사람들이 양초를 통해 '과학'을 좋아하길 바라며 매번 전단을 만들고 있단다."

선생님이 전단을 꺼내며 말했다.

"이 전단 덕분에 저희도 도움을 받았어요."

"한가지 전하고 싶은 말이 있어."

팽대희 선생님이 책을 꺼냈다.

"그 책, 우리가 주운 책이네요."

"여기에 오게 된 계기죠."

"이 책의 제목은 '촛불의 과학'이야. 이 책 덕에 내가 과학을 좋아하게 되었단다."

"양초를 통해 저희도 많은 것을 알게 되었어요."

"더 많은 것을 알고 싶어졌어요!"

"하하, 내가 <촛불의 과학>으로 가르쳐 줄 수 있는 건 이제 모두 알려 줬단다."

"팽대희 선생님은 뭐든 알지 않아요?"

"그렇지 않단다. 이건 아직 과학의 입문에 지나지 않아. 세상에는 더 많은 실험과 다양한 관찰 방법이 있단다. 신기하다고 생각되면 조사하고 계획하고 실행하면서 너희 자신만의 연구를 발견해 나갔으면 해. 이것으로 촛불 과학 연구소 수업은 끝이야."

6장 실험 노트

* 탄소가 공기 중에서 타면 산소와 결합해 이산화탄소가 됩니다.
* 탄소는 고체 상태로 타며, 타고 난 후 기체가 됩니다.
* 인간은 호흡할 때 산소를 들이마시고 이산화탄소를 내뱉습니다.
* 세상이 이산화탄소로 뒤덮이지 않는 이유는 환경 속에서 산소와 이산화탄소가 순환하기 때문입니다.

에필로그

팽대희 선생님은 <촛불의 과학> 책을 덮었다.

"내 이야기를 끝까지 들어 줘서 고마워."

지아와 지우는 고개 숙여 인사했다.

"저희야말로 감사합니다. 선생님, 즐거웠어요."

"감사해요. 이제 자유 연구를 잘할 수 있을 것 같아요."

"다행이구나."

팽대희 선생님은 싱긋 미소를 지었다.

"연구 소재는 우리 주변에 널려 있단다. 6일간 양초를 소재로 다양한 실험을 하며 깨달았겠지? 과학 연구와 실험은 즐거웠니?"

지우가 고개를 끄덕였다.

"실은 이곳에 오기 전까지는 실험이나 관찰 같은 건 귀찮다고 생각했었어요. 그런데 여러 가지 실험을 직접 해 보니까 정말로 즐거웠어요."

"나중에 커서 저도 선생님처럼 과학의 즐거움을 사람들에게 전해 주고 싶어요."

"그렇게 말해 주니 참 기쁘구나."

"우선은 자유 연구 숙제부터 열심히 할게요!"

직접 만든 양초를 들고서 웃는 지아에게 선생님은 손에 든 <촛불의 과학> 책을 건넸다.

"이 책은 네게 줄게. 분명 언젠가 도움이 될 거야."

"제가 받아도 돼요? 선생님께 소중한 책이잖아요?"

"괜찮아, 이건 운명이니까."

"운명이요……? 선생님 굉장히 로맨틱한 말을 하네요?"

"마지막으로 해 줄 말이 떠오르질 않네. 아, 책에 홍차 얼룩이 조금 묻은 건 이해해 줘."

"선생님 마지막이라니 무슨 말이에요?"

지아는 어쩐지 이상한 예감이 들었다.

'더는 못 만난다는 말은 아니겠지?'

미소 짓는 선생님에게 지우가 손을 크게 흔들었다.

"또 올게요!"

지아도 서둘러 손을 흔들었다.

"선생님 감사합니다!"

팽대희 선생님이 물병에 담아 준 홍차를 들고 두 사람은 집으로 돌아갔다.

다음 날, 지아와 지우는 여느 때와 같이 촛불 과학연구소로 향했다.

그런데 아무리 찾아도 연구소가 보이지 않았다.

"어, 이상하네? 분명 여기에 있었는데······."

"그러게······."

여름방학 내내 두 사람은 숲속을 뒤졌지만, 연구소는 끝내 보이지 않았다. 파출소에 물어봐도 그런 건물은 없다고 했다. 여름방학이 끝나고 자유 연구를 발표하는 날이 왔다. 지아와 지우는 마음에 들었던 실험을 떠올려 각자 자유 연구를 발표했다.

방과 후, 지우는 볼일이 있다며 먼저 집으로 돌아갔다. 지아도 집에 가려는데 담임선생님이 불러 세웠다.

"촛불 연구 잘했더구나. 주제는 어떻게 결정했니?"

주변에 사람이 없는 걸 확인한 지아는 솔직하게 이야기하기로 마음먹었다.

"이상한 흰옷을 입은 선생님이 실험을 보여 줬어요."

"너희들 혹시…… 촛불 과학연구소에 갔었니?"

지아는 깜짝 놀랐다.

'촛불 과학연구소 이름을 알고 있는 사람이 있다니!'

그런데 질문을 한 담임선생님 본인도 놀란 눈치였다.

"흰옷을 입은 사람에게 패러데이의 '촛불의 과학'에 대해 배웠니?"

"네…… 선생님, 어떻게 아세요?"

"나도 몇십 년 전 초등학생 때 촛불 과학연구소에서 과학을 배운 적이 있단다."

'그 연구소, 선생님이 초등학생일 때부터 있었구나!'

"그곳에서 자유 연구 소재로 '촛불의 과학'을 소개받았지. 하지만 마지막 수업이 끝난 뒤 무슨 이유에선지 두 번 다시 촛불 과학연구소에 갈 수 없었어."

"저희도요! 그 이후로 아무리 물어봐도 그런 장소가 없대요."

"네 이야기를 믿어. 나도 경험했거든. 그 후로 나는 과

학의 즐거움을 전하고 싶어서 학교 선생님이 됐단다."

"그랬군요……. 저도 커서 전 세계에 과학의 즐거움을 알리고 싶어요!"

"멋지네, 선생님이 그 꿈을 응원할게!"

지아는 담임선생에게 물었다.

"선생님이 옛날에 만난 흰 옷 입은 사람은 어떤 사람이었어요?"

"글쎄, 확실히 패러데이를 좋아하고 나비넥타이를 매고 있었고, 머리카락을 뒤로 묶은 남자였어. 이름은…… 팽대희 선생님."

"네??"

지아는 깜짝 놀라 뒤로 넘

어갈 뻔했다. 선생님 말씀대로라면, 팽대희 선생님은 몇십 년 전부터 계속 연구소에 있었다는 말이 된다.

"정말 신기하네요!"

"그러게."

그 시간, 지우는 혼자서 숲속을 돌아다녔다. 포기하지 않고 과학연구소를 찾고 있었다. 하지만 아무리 걸어도 하얀 건물은 보이지 않았다.

"역시, 이제 못 만나는 건가?"

중얼거리는 지우의 발 밑에 또 무언가 떨어져 있었다.

"이건…… <촛불의 과학>?"

지아가 선생님께 받은 것과 똑같은 낡은 책이 떨어져 있었다. 그 안에 끼워진 전단에 '지우에게'로 시작하는 편지가 적혀 있었다.

"선생님이 보낸 메시지다!"

"지우에게, 너라면 이 편지를 찾으러 오리라 생각했어."

모든 일에는 끝이 옵니다. 이제는 여러분의 시대입니다. 저는 여러분이 자신을 밝게 빛내며 주변 사람들을 비추는 촛불 같은 사람이 되기를 바랍니다. 멋지게 자신의 역할을 다하고,

모두에게 도움을 줌으로써 촛불의 아름다움을 증명하길 바랍니다.

"항상 너희를 지켜볼게. 팽대희 선생님이."

그날 이후, 지우는 맹렬하게 공부에 매진했다. 주변 사람들을 깜짝 놀라게 할 정도로.

그렇게 얼마간의 시간이 흘러갔다.

지아는 흰옷을 입고 실험을 반복하고 있었다. 어른이 된 지아는 물리학 연구자가 되었다.

지금은 남동생과 통화 중이다.

"여보세요, 지우? 잘 지내지? 연구는 잘 돼가?"

"재미있는 데이터가 모일 것 같아. 돌아가면 보여 줄게!"

지우는 전 세계를 돌아다니며 연구를 하고 있다. 항상 '새로운 발견을 하고 올게!'라면서 어딘가로 떠났다.

"반드시 내가 지아보다 먼저 노벨상을 타야 하니까!"

"너는 또 그 얘기야? 내가 노벨상에 더 가깝지!"

두 사람은 누가 먼저 노벨상을 탈지로 경쟁을 하고 있다.

"통화 길게 못 해. 곧 학생들이 올 거야."

"초등학생들이 과학 배우러 온다고 했었지?"

"응, 여름방학 특별 수업을 부탁받았는데……, 나 긴장 돼."

"그래서 국제전화로 상담하는 거야? 자, 그럼 이건 어때?"

지우는 지아에게 한 가지 제안을 했다.

"기억해? 5학년 그날. 한 권의 책을 주워서 신기한 연구

소에 갔던 일."

"그걸 어떻게 잊어."

지아는 크게 끄덕였다. 수화기 너머 지우의 손에는 <촛불의 과학>과 팽대희 선생님의 편지가 있었다.

"…… 그래서 나는 연구자가 되기로 했단다."

지아는 어린 시절 여름방학에 체험한 신기한 일을 있는 그대로 모두 이야기했다.

연구실에 모인 초등학생들이 물었다.

"지아 선생님 진짜예요?"

"우와 신기하다!"

지아의 이야기를 들은 아이들은 신기해했다. 하지만 믿기 어려운 눈치였다.

"믿는 건 너희 마음이야. 하지만 이제부터 보게 될 실험은 전부 진짜란다. 과학의 세계는 신기하고 재미난 것들로 가득하거든!"

지아는 흰옷 주머니에서 직접 만든 양초를 꺼냈다. 5학년 여름방학 때 쌍둥이 남동생과 함께 만든 보물. <촛불의 과학>에 적힌 말이 엉겁결에 지아의 입에서 나왔다.

한 자루의 양초와 함께 물리적 현상을 고찰해 봐요. 여러분은 과학 연구의 즐거움을 알게 될 거예요. 최신 연구 이야기와 비교해도 손색없는, 재미있고 도움이 되는 이야기를 들려줄게요!

지아는 자신을 둘러싼 초등학생들에게 싱긋 웃어 보였다. 어린 시절 자신에게 그렇게 해 준 흰옷의 선생님처럼.

자, 제일 먼저 여러분에게 양초가 무엇으로 만들어져 있는지를 이야기해야겠네요.

지아는 낡은 <촛불의 과학>의 페이지를 넘겼다.
"우선은 다 함께 양초를 만들어 볼까?"

저자 후기

안녕하세요. 히라노 루이지입니다.

저는 게임 디자이너로 일하고 있습니다. 다양한 지식을 활용해 게임을 만들고 있죠. 게임은 여러 지식이 모여 만들어집니다. 이 책 속에 담겨 있는 과학 지식도 게임 만들기에 도움이 되죠. 만일 여러분이 게임 만드는 데 흥미가 있다면, 여러 가지를 이해하며 다양한 지식을 쌓는 게 도움이 될 겁니다.

이 책에는 여러 과학 실험이 나와 있습니다. 저 역시 초등학생 때 과학 실험 동아리에서 다양한 실험을 했습니다.

슬라임을 만들어 보거나 돋보기로 종이를 태우거나, 직접 그린 그림으로 열쇠고리를 제작해보는 등의 실험 말입니다. 당시 과학실은 저와 동아리 친구들에게는 놀이터였습니다. 이 놀이터에서 품은 호기심과, 그에 대한 답을 선생님께 들으며 많은 것을 배웠습니다. 그랬던 제가 이제는 책을 통해 가르치게 됐다는 사실이 믿을 수 없을 만큼 신기합니다. 여러분도 이 책에 나와 있는 실험뿐만 아니라 재미있어 보이는 것에 호기심을 갖고, 직접 찾아가며 실험해 보세요. 아마 즐거울 겁니다.

저는 자유 연구도 다양하게 했습니다. 예를 들면 모형을 만들어 전시해 보기도 하고, 감자를 키워 전분을 만들어 보기도 하고, 입체 미로를 종이로 만들어 보는 등의 연구 말입니다. 자유 연구를 통해 주변에 흔히 있는 것이 과학임을 알게 되었고, 이 즐거움이 다른 과목에 대한 호기심으로 이어졌습니다. 우리가 알고 있는 세상에는 셀 수 없이 많은 것들이 존재합니다. 그것을 하나하나 알아가는 것이 마치 세상을 펼쳐 읽는 듯해 즐거웠습니다. 여러분도 반드시 그런 체험을 했으면 하는 마음으로 이 책을 집필

했습니다.

저는 역사도 좋아합니다. 이 책에서 소개한 패러데이도 위대한 과학자이니 역사상의 인물이라고 할 수 있겠죠. 역사를 읽어나가는 것은 즐거운 일입니다. 당연하다고 여겼던 사실이 실은 놀라운 발견이었거나 실험의 반복이었음을 알게 될 때가 있습니다. 그럴 때면, 그들의 지혜와 용기, 그리고 시행착오가 느껴지며 말로 형용할 수 없는 세상의 크기를 실감합니다. 이 마음을 저는 낭만이라 부릅니다. 과학에도 역사로 이어지는 낭만이 있습니다. 그 낭만 또한 여러분께 전해지면 좋겠습니다.

마지막으로 본 책의 소재가 된 패러데이 선생님께도 경의와 감사를 보냅니다. 감사합니다. 이 책은 당신께서 남겨주신 말을 바탕으로 만들어졌습니다.

또 어딘가에서 만날 수 있다면 행복하겠습니다.

히라노 루이지

원작 마이클 패러데이
영국의 과학자. 1791년 런던 교외에서 태어났다. 벤젠의 발견, '패러데이 법칙'의 발견 등 수많은 훌륭한 업적을 남겼다.

글 모험기획국 · 히라노 루이지
아이치현에서 태어났다. 모험기획국 소속의 작가 겸 게임 디자이너이다. 과학에 관한 많은 관심과 지식을 토대로, 두뇌 계발을 위한 다수의 저서와 게임을 만들었다.

그림 우에지 유호
미에현 출신의 만화가이자 일러스트레이터. 잡지 및 웹 상에서의 작품 활동 외에도 학습만화나 삽화 등 폭넓은 분야에서 활동 중이다. 초등학생 때 반에서 급식을 제일 빨리 먹었다.

옮김 최윤영
일서를 우리말로 옮기는 번역가로 활동 중이다. 자신이 전하는 글이 모든 사람에게 따스한 봄 햇살처럼 가닿기를 바란다. 옮긴 책으로는 『3일 후, 기적이 일어나는 일기』, 『직장인을 위한 7번 읽기 공부법』, 『하나와 미소시루』, 『여리고 조금은 서툰 당신에게』, 『패밀리 집시』, 『당신이 매일매일 좋아져요』, 『아버지와 이토 씨』, 『먹는 즐거움은 포기할 수 없어!』, 『혼자가 되었지만 잘 살아보겠습니다』, 『나만의 기본』, 『좋은 감각은 필요합니다』 등이 있다.

감수 김경수
전북대학교 화학과 조교수로 재직 중이다. 연구 분야는 소재 화학으로 KAIST 화학과에서 학사학위와 박사학위를 취득하였으며, IBS 나노물질 및 화학반응연구단 연구위원으로도 활동하였다.

촛불의 과학

초판 1쇄 인쇄	2020년 10월 29일
초판 1쇄 발행	2020년 11월 10일
원작	마이클 패러데이
글	모험기획국, 히라노 루이지
그림	우에지 유호
옮긴이	최윤영
감수	김경수
펴낸곳	도서출판 아이노리
펴낸이	김태광
편집	김정민
디자인	노은하
출판등록	2018년 3월 27일 제2018-000082호
주소	서울 마포구 잔다리로 47 B1층 (서교동 373-3)
전화	02-323-4762
팩스	02-323-4764
이메일	inoribooks@naver.com
인스타그램	@inori_books
ISBN	979-11-89768-36-2 74430
	979-11-89768-35-5 (세트)

책값은 뒤표지에 있습니다.
잘못된 책은 구입하신 곳에서 바꿔드립니다.